2014年广东省教育事业发展统计分析

主　编　卢晓中

副主编　陈　斌　卢　勃　张振超

华南理工大学出版社
SOUTH CHINA UNIVERSITY OF TECHNOLOGY PRESS
·广州·

图书在版编目（CIP）数据

2014年广东省教育事业发展统计分析 / 卢晓中主编 .—广州：华南理工大学出版社，2016.3

ISBN 978-7-5623-4900-6

Ⅰ.①2… Ⅱ.①卢… Ⅲ.①地方教育－教育事业－统计分析－广东省－2014 Ⅳ.①G527.65

中国版本图书馆CIP数据核字（2016）第045175号

2014年广东省教育事业发展统计分析

卢晓中 主编

出 版 人：卢家明

出版发行：华南理工大学出版社

（广州五山华南理工大学17号楼，邮编510640）

http：//www.scutpress.com.cn E-mail：scutc13@scut.edu.cn

营销部电话：020-87113487 87111048（传真）

责任编辑：黄冰莹

印 刷 者：广州星河印刷有限公司

开 本：787mm×1092mm 1/16 印张：13 字数：254千

版 次：2016年3月第1版 2016年3月第1次印刷

定 价：68.00元

编 委 会

主　编：卢晓中

副主编：陈　斌　卢　勃　张振超

编　委：（按编写章节为序）

田艳飞　蔡　琼　王小玲

薛　达　陈安娜　陈　瑶

朱子薰　王晓隆　莫婷婷

张韶琲　叶琳静

前　言

为全面、客观、准确地反映广东省各级各类教育发展状况，广东省教育统计学会和华南师范大学区域教育治理现代化研究中心组织力量，编撰了这本反映 2014 年全省教育事业发展最新进展的统计分析报告。我们运用 2014 年最新教育事业统计数据，选取若干典型指标，对各级各类教育的规模、普及程度、办学效益、教师队伍、办学条件等专题进行多维度的比较分析。

该分析报告通过文字描述、彩色图表等多种形式展示全省分区域、分城乡、分地市各级各类教育事业发展的基本情况，力图全方位、多角度展示 2014 年度教育事业发展的新特点与新变化，客观反映教育事业发展取得的成就和尚存的差距与不足，为教育改革发展的科学决策、宏观管理和有关研究提供参考。

特别说明：

（1）珠江三角洲、东翼、西翼、山区四地区划分：

珠江三角洲指广州、深圳、东莞、中山、珠海、江门、惠州、佛山、肇庆；东翼指汕头、汕尾、潮州、揭阳；西翼指湛江、茂名、阳江；山区指韶关、梅州、河源、清远、云浮。

（2）农村如无特殊说明均为“大农村”概念，是指除“主城区”外的其他地区。

（3）指标口径：进城务工人员随迁子女和农村留守儿童受教育情况的统计，是指经教育行政部门审批、备案的学校的数据。

（4）由于小数点后数值按四舍五入取值，部分指标百分比加总可能不等于 100%。

本书出版得到广东省教育科研重大项目“广东省教育事业发展‘十三五’规划研究”的资助，也是其部分成果。由于时间仓促，加之水平有限，书中谬误之处一定不少，敬请各位方家批评指正。最后感谢广东省教育厅发展规划处的领导对本书编写工作的大力支持与帮助。

广东省教育统计学会

华南师范大学区域教育治理现代化研究中心

2015 年 12 月

目　录

第一部分　教育事业总体进展

第二部分　学前教育

第三部分　义务教育

第四部分　高中阶段教育

第五部分　高等教育

附　录

第一部分　教育事业总体进展

2014 年，依据《国家中长期教育改革和发展规划纲要（2010—2020 年）》（以下简称《国家教育规划纲要》）和《广东省中长期教育改革和发展规划纲要（2010—2020 年）》（以下简称《省教育规划纲要》），广东省各级各类教育蓬勃发展，教育改革逐步深化，教育公平进一步推进，入学机会继续扩大，资源配置得到一定程度改善。学前教育规模有较大幅度增长，毛入园率上升较快，学前教育公共资源得到有效发展；义务教育普及与巩固水平得到进一步提高，基本实现区域内均衡发展；高中阶段教育普及程度稳定发展，毛入学率提升；高等教育规模适度增长，并正转向结构优化与办学条件的提升。

一、教育事业发展规划目标实现程度

教育事业统计数据显示，2014 年我省各项教育事业发展顺利，《省教育规划纲要》中提出中期（2015 年）发展目标实现程度较高，为未来的全面实施奠定了坚实基础。

1. 学前教育规模发展较快，中期普及目标提前实现

《省教育规划纲要》提出要基本普及学前教育，到 2020 年，普及学前三年教育，学前三年毛入园率达 90% 以上。

各地积极贯彻落实广东省人民政府《关于加快学前教育发展的实施意见》，实施学前教育三年行动计划初见成效。2014 年，学前教育规模达到 379.34 万人，为 2015 年规划目标的 130.80%；学前教育三年毛入园率达到 95.67%，除汕尾市外，其他各地级市以上全部达到省学前教育三年行动计划毛入园率目标。全省规范化幼儿园占比达 60%，比上年提高 5.52%，学前教育公共资源得到有效扩大。

2. 义务教育普及水平保持高位，中期目标已基本实现

《省教育规划纲要》提出巩固提高九年义务教育水平。到 2020 年，全面提高普及水平、全面提高教育质量，基本实现区域内均衡发展，确保适龄儿童和少年接

受良好义务教育。

2014 年，义务教育在校生为 1 208.67 万人，义务教育普及水平继续保持高位；小学学龄儿童入学率达 99.99%，初中毛入学率为 113.83%；小学五年保留率为 95.34%，小学毕业生升学率为 96.15%，初中三年保留率为 92.57%，巩固目标仍有待提高。全省公办义务教育标准化学校覆盖率达 91.21%，比上年提高 12.7%。

3. 高中阶段教育与中期规划发展目标略有差距

《省教育规划纲要》提出要加快普及高中阶段教育。逐年提高高中阶段教育毛入学率，促进普通高中与中等职业教育（含技工学校）规模相当，全面满足初中毕业生接受高中阶段教育需求。

2014 年，广东省高中阶段教育在校生规模为 404.50 万人，比上年减少 44.45 万人，比 2015 年规划目标少 35.50 万人，主要由于高中阶段学龄人口减少，特别是中等职业教育在校生大幅减少，比上年减少了 38.02 万人。中等职业教育招生 61.96 万人，占高中阶段教育招生总数的 47.06%；中等职业教育在校生 190.48 万人，占高中阶段教育在校生总数的 47.09%。对比普通高中规模，中等职业教育规模较小。

2014 年，广东省高中阶段教育毛入学率达 95.90%，比 2015 年 90% 的规划目标高 5.90%，中期目标实现度达 106.56%。

4. 高等教育中期规划目标基本实现

《省教育规划纲要》提出高等教育大众水平进一步提高，毛入学率达到 32%。2014 年，各种形式的高等教育在校总规划（含成人教育、网络教育）达到 262.76 万人，为 2015 年规划目标的 91.87%。普通本专科在校生为 179.42 万人，为 2015 年规划目标的 91.54%，其中研究生 8.66 万人，为中期规划目标的 72.17%。

2013 年底，根据 2010 年第六次全国人口普查数据，以及近年我省高等教育的发展，广东省教育厅向省人大提交了高等教育毛入学率规划目标值的调整修订建议。根据省人大常委会批准的广东省“十二五”规划纲要部分指标调整的决议，我省高等教育毛入学率 2015 年目标值调整为 32%。

2014 年，广东省高等教育毛入学率为 31.88%，比 2015 年规划目标低 0.12%，中期普及目标实现度为 99.63%。

《省教育规划纲要》教育事业规划目标实现情况见表 1–1。

表1-1 《省教育规划纲要》教育事业规划目标实现情况

类别	《省教育规划纲要》目标			2014年	2015年目标实现程度（%）
	2009年	2015年	2020年		
学前教育					
幼儿园在园人数（万人）	249.50	290.00	280.00	379.34	130.80
学前三年毛入园率（%）	77.30	全省90，珠江三角洲发达地区95	全省90以上	95.67	106.30
九年义务教育					
在校生（万人）	1391.30	1170.00	1160.00	1208.67	103.30
小学适龄儿童入学率（%）	99.90	100	100	99.99	99.99
高中阶段教育					
在校生（万人）	377.90	440.00	400左右	404.50	92.00
毛入学率（%）	79.90	90.00	90以上	95.90	106.56
职业教育					
中等职业教育在校生（万人）	185.50	220.00	200左右	190.48	86.71
高等教育					
在学总规模（万人）	208.30	286.00	315.00	262.76	91.87
在校研究生（万人）	6.60	12.00	18.50	8.66	72.17
普通本专科生（万人）	133.40	196.00	215.00	179.42	91.54
成人本专科生（万人）	46.30	58.00	62.00	62.69	108.09
毛入学率（%）	27.50	32.00	50	31.88	99.63

二、各级各类教育规模发展

2014年，广东省共有各级各类学校3.15万所，比上年增加564所。其中幼儿园为15 416所，比上年增加1623所；义务教育阶段为14 118所，比上年减少1057所（小

学为 10 731 所，比上年减少 1093 所；初中阶段学校为 3387 所，比上年增加 36 所）；高中阶段学校为 1750 所，比上年减少 10 所（普通高中 1012 所，比上年减少 3 所；中等职业学校（含技工学校）为 738 所，比上年减少 7 所）；普通高等学校为 141 所，比上年增加 3 所；特殊教育学校为 104 所，比上年增加 5 所。

2014 年广东省各级各类学校中，义务教育学校占 44.76%，幼儿园占 48.87%，高中阶段学校占 5.55%，高等院校占 0.49%，特殊教育学校占 0.33%。

2014 年，广东省各级各类学历教育在校生为 2 258.09 万人，比上年减少 4.70 万人。随着教育普及程度的提高，非义务教育阶段在校生规模持续扩大。受学龄人口变化影响，初中和高中阶段在校生减少。见表 1–2。

表1–2　2010—2014年广东省各级各类学历教育规模

单位：万人

年份 / 年	高等教育	高中阶段教育	初中教育	小学教育	学前教育
2010	204.80	439.12	500.10	848.55	277.23
2011	215.83	451.98	479.06	822.06	307.81
2012	229.21	464.02	442.47	808.24	330.72
2013	244.35	448.95	404.79	807.94	354.58
2014	262.76	404.50	376.75	831.91	379.34

（1）学前教育规模有较大幅度的增长。2014 年，广东省共有幼儿园 1.54 万所，比上年增加 1623 所；在园幼儿数 379.34 万人，比上年增加 24.76 万人，增长了 6.98%。

（2）特殊教育规模略有增加。2014 年，广东省特殊教育在校生为 2.83 万人，比上年增加 6486 人，增长了 29.75%。

（3）义务教育规模略有减少。2014 年，广东省普通小学在校生为 831.91 万人，比上年增加 23.98 万人，增长了 2.97%；初中阶段在校生为 376.75 万人，比上年减少 28.04 万人，下降了 6.93%。

（4）高中阶段教育规模相对减少。2014 年，广东省高中阶段在校生为 404.50 万人，比上年减少 44.45 万人；其中，普通高中在校生为 214.02 万人，比上年减少 6.43 万人，下降了 2.92%；中等职业教育（包含技工学校）在校生为 190.48 万人，比上年减少 38.02 万人，下降了 16.64%。

（5）高等教育规模稳步发展。2014 年，广东省各种形式高等教育在校（含成人教育、网络教育）总规模达 262.76 万人，比上年增加 18.41 万人，增长了 7.53%。

从教育结构看，随着各级教育规模的快速发展和普及水平的逐步提高（图 1–1），图中所示高中阶段和高等教育在校生规模明显扩大；受学龄人口下降的影响，位于图表下半部分的初中规模明显缩小，小学规模则略有增长。2014 年，各级各类在校生总数中，义务教育占 53.52%，高中阶段教育占 17.91%，高等教育占 11.64%，学前教育占 16.80%，特殊教育占 0.13%。

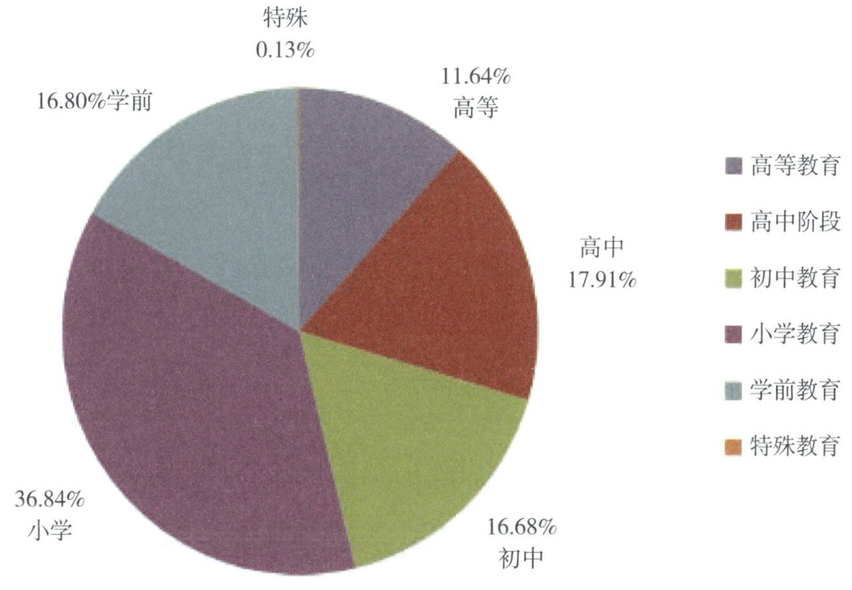

图1–1 2014年广东省各级各类教育在校生规模比重

各级教育普及水平不断提高，受教育机会进一步扩大。2014 年，学前教育毛入园率达 95.67%，比上年略增 0.18%；义务教育普及水平处于高位，小学学龄儿童入学率达 99.99%，比上年略增 0.02%；初中阶段毛入学率达 113.83%，比上年略增 0.19%；高中阶段毛入学率达 95.90%，比去年降低了 0.07%；高等教育毛入学率达 31.88%，比上年提高了 1.37%。如图 1–2 所示。

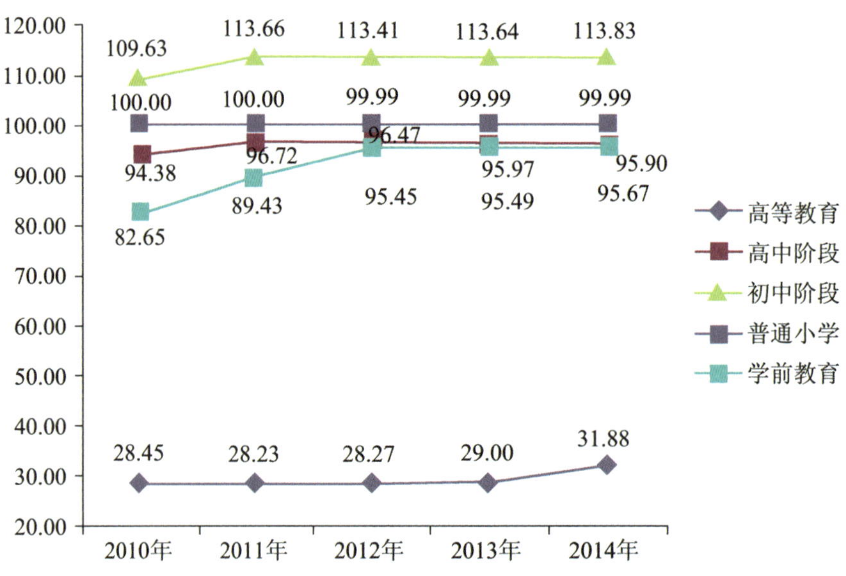

图1-2　2010—2014年广东省各级教育毛入学率

三、各级各类民办教育规模发展

广东省进一步贯彻落实《中华人民共和国民办教育促进法》及其实施条例，引导民办教育健康发展。各级民办教育规模均比上年有较大幅度增长，所占比重也进一步提高。非义务教育阶段民办教育规模快速增长，占同级教育的比重继续提高。2014 年，民办高等教育在校生 58.04 万人，比上年提高了 9.90%，占广东省普通本专科在校生总数的比重为 32.35%，比上年提高了 1.46%；民办幼儿园发展尤为迅速，2014 年，广东省民办幼儿园在园幼儿为 240.11 万人，比上年提高了 10.58%，占广东省学前教育在园（班）幼儿的比重达 63.30%，较上年提高了 1.29%。见表 1-3。

表1-3　2013年、2014年广东省各级各类民办教育规模及所占比重

类别	在校生规模（万人）		占同级教育的比重（%）	
	2013 年	2014 年	2013 年	2014 年
高等教育	52.81	58.04	30.89	32.35
高中阶段	31.27	30.45	8.66	8.90
其中：普通高中	13.12	14.54	5.96	6.80
其中：中职学校	18.15	15.91	12.89	12.41
普通初中	67.63	69.82	16.71	18.53
小学	173.15	184.53	21.43	22.18
幼儿园	217.14	240.11	62.01	63.30

四、各级各类学校办学条件

2014 年，随着教育经费投入与资源配置水平的提高，各级各类学校办学条件进一步改善。

1. 专任教师

2014 年，广东省各级各类学校专任教师人数为 117.30 万人，比上年增加 3.43 万人。其中，特殊教育专任教师人数增长较快，由上年的 2714 人增加到 2999 人，增长了 10.50%。

学前教育专任教师人数比上年有所增长，为 21.38 万人，比上年增长 2.56 万人，增长了 13.60%。

义务教育阶段专任教师人数比上年略有增加。小学专任教师为 45.44 万人，比上年增加 1.68 万人，增长 3.84%；初中阶段专任教师为 27.85 万人，比上年增加 1734 人，增长 0.63%。

高中阶段专任教师人数比上年有所增长。其中，普通高中专任教师为 14.84 万人，比上年增长 2.56%；中等职业学校（包含技工学校）专任教师为 6.61 万人，比上年增加 774 人，增长 1.18%。

高等教育专任教师略有增加，为 9.51 万人，比上年增加 1312 人，增长 1.40%。如图 1-3 所示。

单位：万人

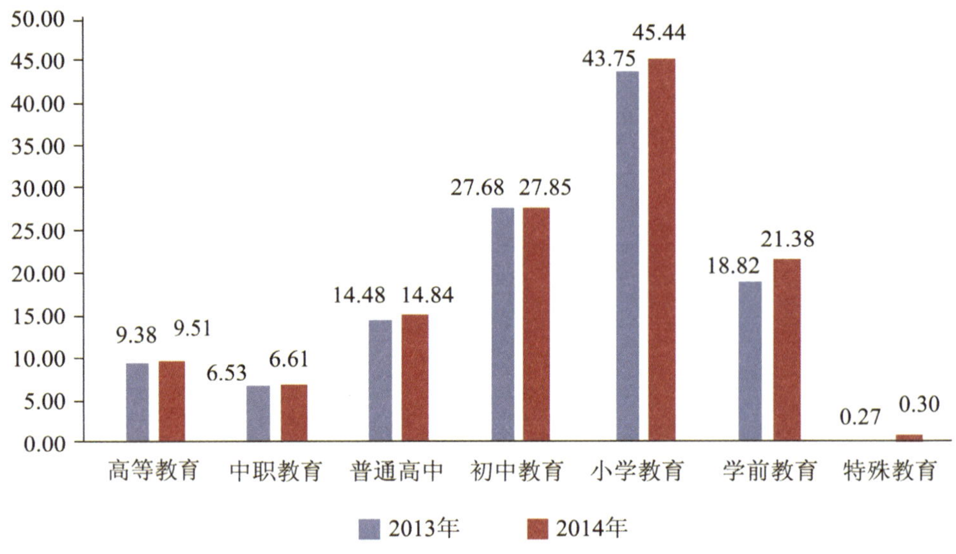

图1-3　2013年、2014年广东省各级各类教育专任教师人数

2014年，各级各类学校共录用2.65万名各类应届毕业生充实到教师队伍中，其中，义务教育阶段学校吸纳毕业生1.78万人，占录用毕业生总数的67.27%。普通高校吸纳毕业生3039人，其中81.67%具有研究生学历。见表1-4。

表1-4　2014年广东省各级各类学校录用毕业生情况

各级教育	2014年（人）	占全省比例（%）
合计	26 476	100
普通高校	3039	11.48
普通高中	4642	17.53
中职学校	984	3.72
初中阶段	6166	23.29
普通小学	11 645	43.98

2. 校舍面积

2014 年，广东省各级各类学校拥有校舍建筑面积总量达近 3.03 亿平方米，比上年增加 957.59 万平方米，增长 3.27%。其中，小学校舍建筑面积增长最快，增幅高达 18.23%。各级各类学校生均面积比上年均有所增加，其中普通高中生均面积增加了 1.97 平方米。见表 1–5。

表1–5　2014年广东省各级各类学校校舍面积情况

类别	校舍建筑总面积（万平方米）			生均校舍建筑面积（平方米）		
	2014 年	比上年增长	比上年增长率(%)	2014 年	比上年增长	比上年增长率（%）
合计	30 281.37	957.59	3.27	14.58	0.82	5.32
普通高校（含成人）	5321.46	101.88	1.95	20.25	0.50	2.53
普通高中	4676.03	292.87	6.68	21.85	1.97	9.89
中职学校	1709.13	12.11	0.71	13.35	1.30	10.66
初中	3809.79	63.82	5.35	10.11	0.40	3.72
普通小学	6437.63	76.87	18.23	7.74	0.15	0.98
幼儿园	2651.30	398.711	17.76	6.98	0.64	9.38

注：高校和中等职业学校含独立产权和非学校产权独立使用两部分，仪器设备值等条件指标，下同。

3. 教学、科研仪器设备资产值

2014 年，广东省各级各类学校教学、科研仪器设备资产总值为 632.27 亿元，比上年增加 81.41 亿元，增长 14.78%。其中，中职学校教学科研仪器设备资产值增长了 23.32%，普通小学教学、科研仪器设备资产值，分别增长了 23.32% 和 23.78%。随着仪器设备投入总量的增加，各级各类学校生均教学、科研仪器设备值均比上年有所提高，普通高校、普通高中、中职学校（不包含技工学校）、初中和普通小学分别为 9 992.00 元、3 721.51 元、4 855.57 元、2 074.41 元、1 261.17 元，比上年分别增长 4.14%、20.85%、23.32%、12.27% 和 23.78%。见表 1–6。

表1-6　2014年广东省各级各类学校教学、科研仪器设备值情况

各级教育	总值（亿元）			生均（元）		
	2014 年	同比增长	同比增长率（%）	2014 年	比上年增长	比上年增长率（%）
合计	632.27	81.41	14.78	3391.93	509.06	17.66
其中：普通高校（含成人）	212.30	20.64	10.76	9992.00	396.80	4.14
普通高中	79.65	12.14	17.98	3721.51	642.06	20.85
中职学校（不含技工）	62.26	6.91	12.48	4855.57	918.10	23.32
初中	78.15	10.31	15.20	2074.41	398.51	12.27
普通小学	104.92	14.16	15.50	1261.17	137.87	23.78

注：普通高校和中职学校“总值”中含非产权独立使用部分，指学校租借用一年以上的教学、科研仪器设备值，不含学校与其他单位共用的教学、科研仪器设备值。

五、各级各类学校办学效益

2014 年，各级各类学校办学效益逐步提高，教师配置状况也有所改善。

1. 校均规模

除小学外，其他类型学校校均规模有所缩减。2014 年，普通小学校均规模为 509 人，比上年增加 12 人；初中校均规模为 1112 人，比上年减少 108 人；普通高中校均规模为 2115 人，比上年减少 88 人；中等职业学校校均规模为 2590 人，比上年减少 39 人。如图 1-4 所示。

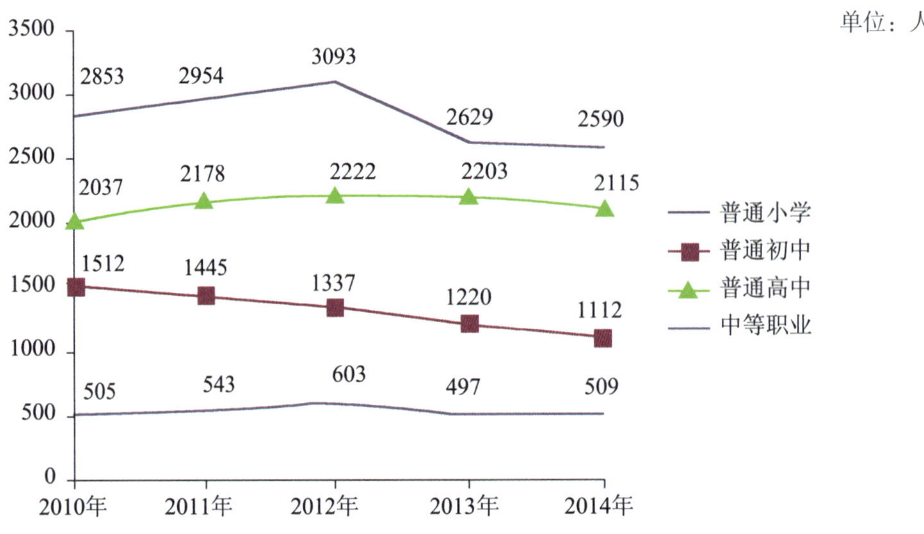

图1-4　2010—2014年广东省初等、中等教育学校校均规模变化情况

广东省普通高校校均规模为 13 242 人，比上年增加 851 人。其中，普通本科院校为 18 915 人，比上年减少 100 人；普通专科院校为 8846 人，比上年增加了 217 人。如图 1–5 所示。

单位：人

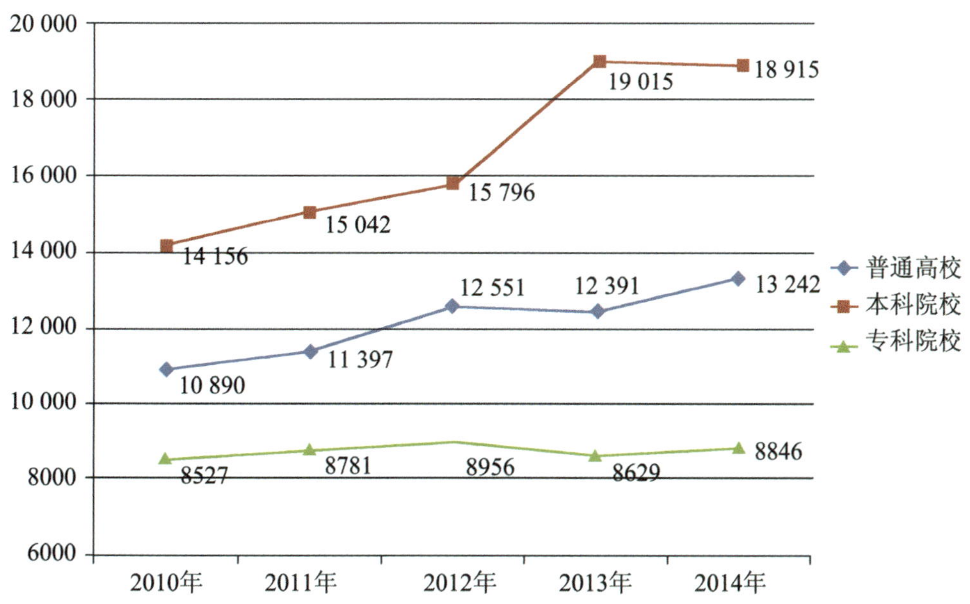

图1–5 2010—2014年广东省普通高校校均规模变化情况

2. 班额

基础教育学校平均班额相对稳定。2014 年，广东省普通小学平均班额为 39 人，与上年持平；普通初中平均班额为 46 人，比上年减少 3 人；普通高中平均班额为 52 人，比上年减少 2 人。小学、普通初中、普通高中 56 人及以上大班额比例均有所降低，2014 年的比例分别为 5.49%、4.50%、20.74%，小学、普通初中、普通高中的比例分别下降 2.41%、8.20%、9.49%。如表 1–7 所示。

表1-7　2013—2014年广东省基础教育学校班额情况

单位：人

班级类型	2013年	2014年
平均班额		
普通小学平均班额	39	39
普通初中平均班额	49	46
普通高中平均班额	54	52
大班班额比例		
小学大班额比例	7.90%	5.49%
普通初中大班额比例	12.70%	4.50%
普通高中大班额比例	30.23%	20.74%
超大班班额比例		
小学超大班额比例	1.41%	0.61%
普通初中超大班额比例	3.21%	0.65%
普通高中超大班额比例	7.91%	3.90%

3. 生师比

从专任教师配置情况看，各级各类学校专任教师配置情况都有所改善，普通高校生师比为19.80:1，比去年减少0.10。高中阶段生师比有所改善，普通高中生师比由上年的15.23:1下降到14.43:1；中等职业学校生师比由上年的31.10:1下降为28.36:1；普通初中由上年的14.66:1下降为13.56:1；普通小学生师比由上年的18.53:1下降为18.33:1；学前教育生师比由上年的18.84:1下降为17.74:1。如图1-6所示。

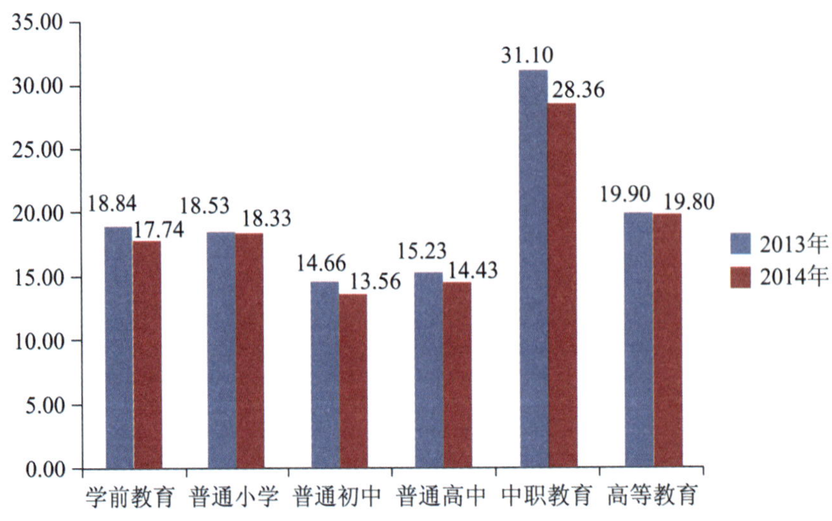

图1-6　2013年、2014年广东省各级各类学校生师比情况

第二部分　学前教育

2014 年，依据《国家教育规划纲要》和《关于当前发展学前教育的若干意见》，全省在《广东省发展学前教育三年行动计划（2011—2013 年）》的工作基础上工作，深入落实中央政府《关于实施第二期学前教育三年行动计划的意见（2014—2016 年）》，对学前教育第一期三年行动计划开展了督查工作，从整体上促进了学前教育的发展。学前教育在经费投入、规模覆盖、办学质量、师资培训、管理体系等方面都获得了较大的发展，“入园难”问题初步缓解。但是，学前教育城乡普惠性资源依然短缺，公办民办教育比例不够协调，运行保障机制建设相对滞后，教师数量不足、职业吸引力不强，保育教育质量有待进一步提高。

一、学前教育规模发展与普及水平情况

2014 年，全省进一步加大学前教育投入力度，努力实施学前教育三年行动计划与督查工作，有力推进了我省学前教育事业科学、健康、可持续发展。

1. 学前教育机构继续增加，西翼地区和山区增长迅速

2014 年，全省幼儿园数为 15 416 所，比上年增加 1623 所，增长 11.77%。从区域上来看，西翼地区幼儿园数增幅最大，增幅为 38.44%；山区和东翼地区次之；珠江三角洲地区增幅最小，为 3.92%。如表 2–1 所示。

表2–1 2013年、2014年广东省学前教育机构数变化情况

单位：所

地区	2013 年	2014 年	比上年增长（%）
全省	13 793	15 416	11.77
珠江三角洲	6686	6948	3.92
东翼	2344	2509	7.04
西翼	2526	3497	38.44
山区	2237	2462	10.06

从类型上来看，2014 年城区幼儿园数为 8576 所，比上年增长 12.16%；其中，城区公办和民办幼儿园数分别增长 11.62%、12.30%。镇区及乡村幼儿园数比上年增长 11.27%。如表 2–2 所示。

表2–2　2013年、2014年广东省学前教育机构城乡分布情况

地区		幼儿园数（所）		
		2013 年	2014 年	比上年增长（%）
城区	公办	1566	1748	11.62
	民办	6080	6828	12.30
	合计	7646	8576	12.16
镇区及乡村	公办	2211	2670	20.76
	民办	3936	4170	5.95
	合计	6147	6840	11.27

分城市看，2014 年全省 21 个市中有 19 个市幼儿园数有不同程度的增加，特别是茂名、湛江、深圳、揭阳和清远，分别比上年增加了 475 所、443 所、89 所、79 所和 74 所。江门和肇庆有所减少，分别比上年减少 2 所和 31 所。如表 2–3 所示。

表2–3　2014年广东省各地区学前教育机构数比上年增长的分档情况

数量（所）	珠江三角洲	东翼	西翼	山区
400 以上			湛江、茂名	
50~100	广州、深圳、东莞	汕头、揭阳	阳江	梅州、清远
30~50	惠州			韶关、河源
0~30	珠海、中山、佛山	潮州、汕尾		云浮
0 以下	江门、肇庆			

2. 学前教育规模稳定增长，普及程度大幅提升

2014 年，经过各地政府积极努力，办学空间得到了有效的拓宽。2014 年全省新入园（班）幼儿数为 184.64 万人，比上年增加 13.64 万人，增长 7.98%，如图 2-1 所示。学前教育毛入园率大幅增长，达到 95.67%，超过《广东省发展学前教育三年行动计划》中全省学前教育毛入园率达到 86% 以上的目标。

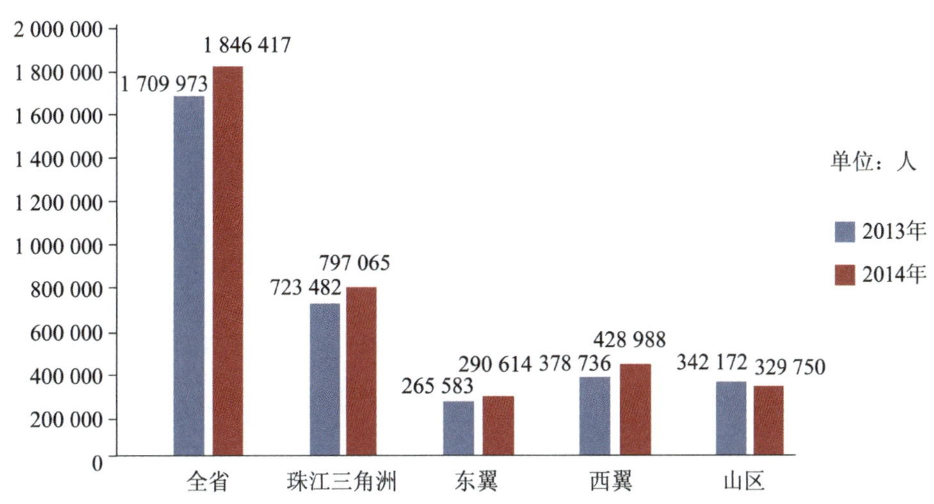

图2-1　2013年、2014年广东省学前教育新入园（班）幼儿数变化情况

分区域来看，珠江三角洲地区新入园（班）幼儿数为 79.71 万人，比上年增长 10.17%，增长幅度最高。（招生情况详见附录表 1-1）

2014 年全省在园（班）幼儿比上年增长 6.98%。分城乡看，2014 年城区在园幼儿为 2 165 189 万人（其中城乡结合区为 683 273 万人），比上年增长 10.00%；镇区及乡村在园幼儿为 1 628 192 万人，比上年增长 3.22%。（在园情况详见附录表 1-2）

分区域来看，西翼地区在园（班）幼儿数增幅最大。2014 年，西翼地区在园（班）幼儿数比上年增长 11.40%。如表 2-4 所示。

表2-4 2014年广东省分区域在园（班）幼儿数增长情况

地区	2014 年在园幼儿数（人）				相比上年增长人数（人）	比上年增长率（%）
	城市		镇区及乡村	合计		
	城区	城乡结合区				
全省	2 165 189	683 273	1 628 192	3 793 381	247 624	6.98
珠江三角洲	1 543 036	516 129	432 338	1 975 374	119 934	6.46
东翼	229 890	90 675	322 101	551 991	38 027	7.40
西翼	225 749	48 659	425 997	651 746	66 700	11.40
山区	166 514	27 810	447 756	614 270	22 963	3.88

从各地市看，全省 21 个市学前教育在园（班）规模均有不同程度的增长，年增长超过 10% 的有湛江、阳江和中山。（在园情况详见附录表 1-2）

3．幼儿园在园幼儿中非本地户籍生和省外户籍生均有所增长

2014 年，我省幼儿园共有非本地户籍学生 1 244 696 人，占全省在园幼儿总数的 32.81%。与上年相比，非本地户籍学生数增长了 9.48%。其中，2014 年，我省幼儿园在园幼儿中，省外户籍学生数占全省在园幼儿总数的 15.91%。与去年相比，省外户籍学生数增加了 3.91 万人，增长了 6.94%。如表 2-5 所示。

表2-5 2012-2014年广东省幼儿园在园幼儿的户籍与非户籍生情况

类别	各年份人数（人）			年均增长率（%）
	2012 年	2013 年	2014 年	
在园幼儿数	3 307 177	3 545 757	3 793 381	7.10
非本地户籍生	993 608	1 136 865	1 244 696	11.92
所占比例（%）	30.04	32.06	32.81	—
（其中）省外户籍学生	488 592	564 212	603 352	11.13
所占比例（%）	14.77	15.91	15.91	—

全省各区域非本地户籍学前教育在园幼儿数各不相同。2014 年，非本地户籍

学前教育在园幼儿数所占比例最高的是珠江三角洲，占全省非户籍在园幼儿数的86.66%，依次是山区、东翼和西翼。如图 2-2 所示。

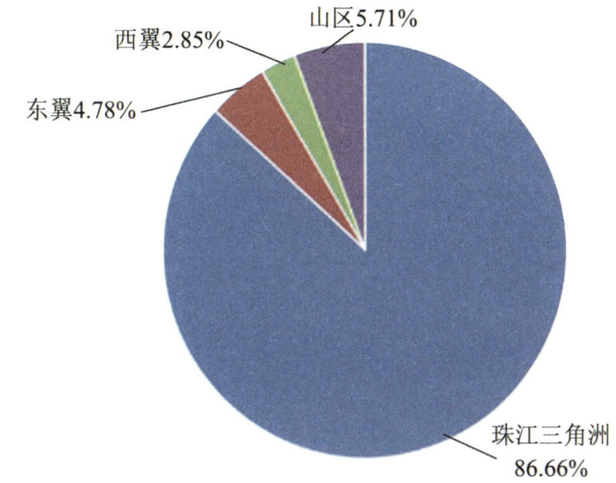

图2-2 2014年广东省各区域学前教育在园幼儿中非本地户籍人数比例情况

4. 小学附设班幼儿园规模呈现下降趋势，尤其是西翼、山区下降明显

2014 年，全省小学附设班的在班（园）幼儿数为 40.11 万人，比上年减少 57 952 人，下降 12.62%。

从区域来看，2014 年珠江三角洲地区和东翼地区小学附设班幼儿园的规模有所增长，比 2013 年分别增加了 648 人和 613 人，增长比例分别为 1.16% 和 0.51%，但规模较小。其余地区均呈现下降趋势，其中西翼地区小学附设班幼儿园的规模降低了 24.34%，下降最多；而山区地区小学附设班幼儿园的规模则下降了 15.53%。如表 2-6 所示。

表2-6 2014年广东省各区域附设班幼儿园人数占学前教育总规模的变化情况

地区	2013 年		2014 年		比上年增加	
	在班（园）幼儿数（人）	占学前教育总规模比例（%）	在班（园）幼儿数(人)	占学前教育总规模比例（%）	在班（园）幼儿数(人)	比例（%）
珠江三角洲	56 050	1.58	56 698	1.49	648	1.16
东翼	120 376	3.39	120 989	3.19	613	0.51
西翼	173 832	4.90	131 523	3.47	−42 309	−24.34
山区	108 841	3.07	91 937	2.42	−16 904	−15.53

从各地市看，我省有小学附设班的21个市中，18个市的小学附设班在班（园）幼儿数均有变化。与上年相比，小学附设班在班（园）幼儿数增长超过1000人的地市只有肇庆和东莞；小学附设班在班（园）幼儿数下降数超过4000人的地市有韶关、湛江、河源、茂名4市。人数变化情况如表2–7所示。（详见附录表1–3）

表2–7　2014年广东省各地市附设班在班（园）幼儿人数的变化情况

增减范围	各地市及增减情况							
1000人以上	肇庆 2425	东莞 1168						
0 ~ 1000人	潮州 662	揭阳 316	汕头 264	江门 6	广州 1	深圳 0	珠海 0	中山 0
–1000 ~ 0人	佛山 –66	清远 –286	汕尾 –629					
–4000 ~ –1000人	云浮 –1542	阳江 –2823	惠州 –2886	梅州 –3155				
–4000人以下	韶关 –4499	湛江 –5936	河源 –7422	茂名 –33 540				

5. 小学教育招生中接受过学前教育的人数比重继续增长，珠江三角洲地区增幅较大

分城乡看，2014年我省城区小学招生中接受过学前教育的人数为837 151人，比上年增加44 869人，增长5.66%。2014年我省镇区及乡村小学招生中接受过学前教育的人数比上年减少了10 467人，下降1.58%。如表2–8所示。

表2–8　2014年广东省分城乡小学招生中接受过学前教育的人数变化情况

单位：人

类别	年份		增加	增长率（%）
	2013年	2014年		
城区	792 282	837 151	44 869	5.66
镇区及乡村	661 873	651 406	–10 467	–1.58

从区域来看，山区地区小学招生中接受过学前教育的人数增加最多，2014年比上年增长4.81%，珠江三角洲和西翼地区增加幅度较小，而东翼地区呈下降趋势，下降了1.45%。

表2-9　2014年广东省各区域小学招生中接受过学前教育的人数与比例变化情况

地区	接受过学前教育的人数（人）			接受过学前教育的比例（%）	
	2014 年	比上年增减	比上年增加（%）	2014 年	比上年增减
珠江三角洲	801 636	21 513	2.76	97.03	−0.55
东翼	227 112	−3347	−1.45	94.00	0.37
西翼	228 342	5608	2.52	97.50	0.41
山区	231 467	10 628	4.81	98.07	0.15

从各地市来看，我省 21 个市，小学招生中接受过学前教育的人数与去年相比大多呈增长趋势（表 2-10）。其中，小学招生中接受过学前教育的人数增长率超过 10% 的地市仅有珠海；小学招生中接受过学前教育的人数与去年相比降低的地市有江门、东莞、惠州、潮州、揭阳、汕尾 6 市。（各地市小学招生中接受过学前教育的人数情况详见附录表 1-4）

表2-10 2014年广东省分地市小学招生中接受过学前教育的人数变化情况

增长范围	各地市及增长比例（%）							
10% 以上	珠海 12.02							
5% ~ 10%	云浮 8.03	梅州 7.20	深圳 6.39	中山 5.86	清远 5.70	广州 5.08		
0% ~ 5%	湛江 4.13	汕头 3.49	河源 2.02	肇庆 1.78	阳江 1.63	茂名 1.27	佛山 1.10	韶关 0.60
0% 以下	江门 −0.06	东莞 −1.10	惠州 −2.02	潮州 −2.44	揭阳 −2.92	汕尾 −8.74		

二、学前教育教师队伍发展情况

学前教育教师规模继续增长；教师学历水平继续提升，教师素质有所改善；学前

教育教师培训以校级为主。

1. 学前教育专任教师规模增长，特别是中西部地区增幅较大

2014 年，全省专任教师人数为 21.38 万人，比上年增加 25 618 人，增长 11.98%；在园幼儿数与专任教师数比为 17.74:1。分城乡看，2014 年，城区学前教育专任教师数为 143 266 人，比上年增长 11.93%，镇区及乡村学前教育专任教师数为 70 534 人，比上年增长 17.56%。分区域看，2014 年广东省各区域学前教育专任教师数量与上年相比均有较大幅度增长，增长幅度依次为 6.21%、19.58%、27.44%、15.26%。如表 2–11 所示。

表2–11 2014年广东省分区域学前教育专任教师规模变化情况

单位：人

地区	城市		镇区及乡村	合计	比上年增减	比上年增长比例(%)
	城区	城乡接合区				
全省合计	143 266	43 703	70 534	213 800	25 618	11.98
珠江三角洲	106 579	33 373	22 521	129 100	8018	6.21
东翼	14 071	5845	12 948	27 019	5291	19.58
西翼	12 651	2788	16 120	28 771	7896	27.44
山区	9965	1697	18 945	28 910	4413	15.26

分地市看，我省 21 个地市学前教育专任教师数均有不同程度的增长，其中增幅超过 20% 的地市分别是梅州、阳江、湛江、茂名、潮州、揭阳和云浮。（各地市学前教育专任教师数情况详见附录表 1–5）

2014 年，全省幼儿园园长数为 2.20 万人，比上年增加 2265 人，增长 11.46%；全省幼儿园保育员数为 8 万人，增长 21.15%。全省幼儿园保健医生数为 10 169 人，其中珠江三角洲地区的幼儿园保健医生数达 7278 人，占全省幼儿园保健医生数的 71.57%。

2. 学前教育教师学历水平及幼儿教育专业毕业的教师比例有所提升

2014 年，全省学前教育专任教师中专科及以上学历比例为 60.52%，比上年增长 2.52%。分城乡看，2014 年，广东省镇区及乡村专任教师中专科及以上学历比例为 55.04%，比城区低 8.18%，城乡间差距依然较大。如表 2–12 所示。分区域看，全省各区域该比例均有提升。2014 年，珠江三角洲地区专任教师中专科及以上学历比例达 66.30%，比上年增长 0.20%。

表2–12　2014年广东省各区域学前教育专任教师中专科及以上学历比例变化情况

地区	城市		镇区及乡村（%）	合计（%）
	城区	城乡接合区		
全省合计	63.22	56.69	55.04	60.52
珠江三角洲	66.35	58.89	66.02	66.30
东翼	45.40	37.86	32.84	39.38
西翼	58.34	69.12	56.45	57.28
山区	61.04	57.98	55.95	57.71

学前教育专任教师中幼儿教育专业毕业的比例有所增长。2014 年，学前教育专任教师中幼儿教育专业毕业的比例为 73.67%，比上年增长 0.93%。分区域看，东翼地区增长幅度最大，比上年增长 4.27%，珠江三角洲地区增长 1.95%。如图 2–3 所示。分地市看，各地市都比上年有所增加，其中增幅超过 40% 的地市分别是阳江、茂名和揭阳。（各地市学前教育专任教师中幼儿教育专业毕业数情况详见附录表 1–6）

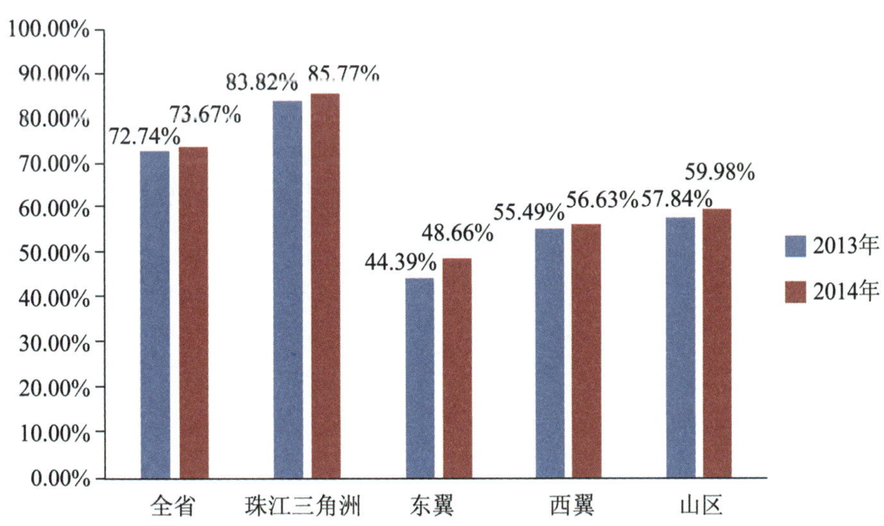

图2–3　2013年、2014年广东省分区域学前教育专任教师中幼儿专业毕业的比例变化情况

学前教育各层次学历专任教师人数均有所提高，以专科毕业和高中毕业专任教师人数变化最大。分区域看，珠江三角洲地区专科层次和本科层次的专任教师数增长幅度最大，东翼地区研究生层次专任教师数减少最多。如图 2–4 所示。

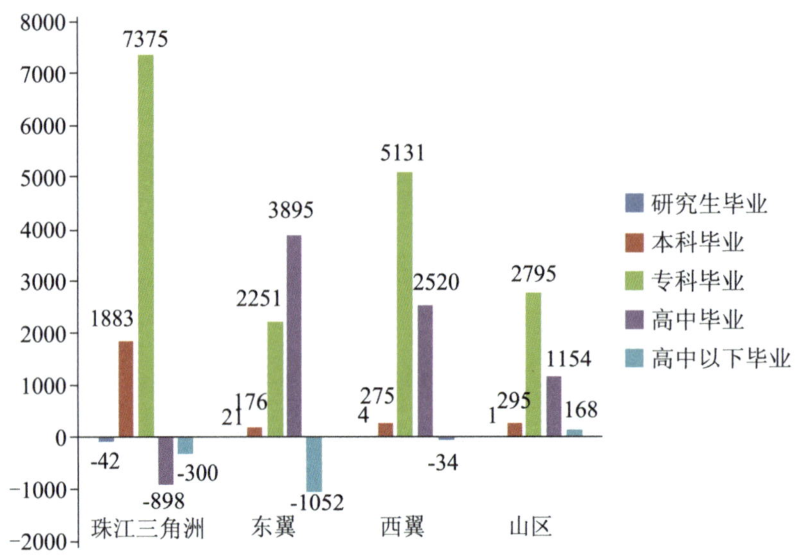

图2–4　2013年、2014年广东省各区域学前教育各层次学历专任教师人数变化情况

3．幼儿园代课教师城乡差距较突出

2014 年，全省学前教育岗位教师中代课教师的比例为 0.90%。分城乡看，全省镇区及乡村代课教师占岗位教师比例为 1.32%，比城区高 0.62%。分区域看，西翼地区该比例较高，为 1.87%，山区该比例为 0.63%。此外，区域间的城乡差距也较突出。如图 2–5 所示。

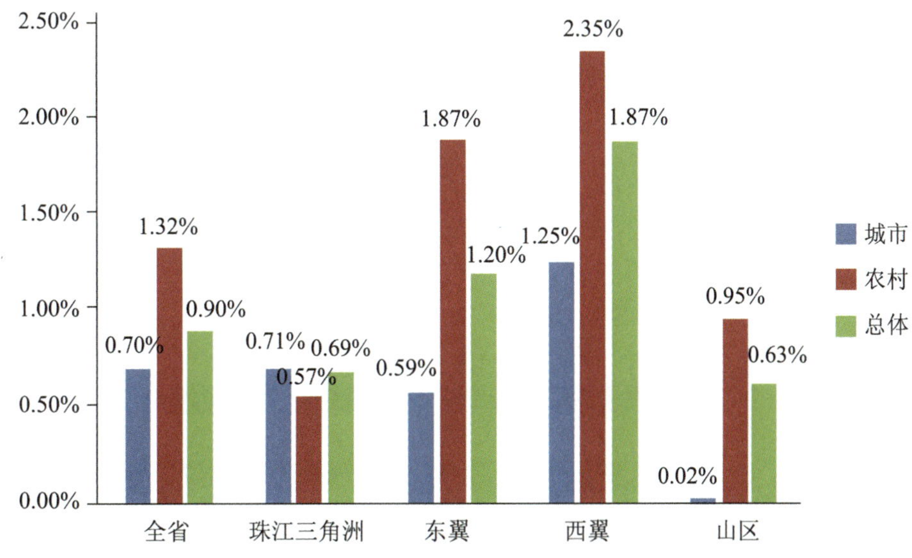

图2-5 2014年广东省各区域学前教育代课教师占岗位教师的比例情况

4．学前教育生师比略有下降，城乡、区域差距仍然显著

2014 年，全省学前教育生师比为 17.74:1，比上年下降 1.10。其中，农村生师比为 23.08:1，城市为 15.11:1，城乡差距显著。区域之间也有不同程度的差距，东翼、西翼、山区地区的生师比普遍高于珠江三角洲地区。如表 2–13 所示。

表2–13 2014年广东省分区域学前教育生师比情况

地区	城市		农村	合计
	城区	城乡结合区		
全省合计	15.11	16.16	23.08	17.74
珠江三角洲	14.48	15.55	19.20	15.30
东翼	16.34	16.79	24.88	20.43
西翼	17.84	20.55	26.43	22.65
山区	16.71	18.73	23.63	21.25

5. 培训以校级培训为主，培训时间以“一个月以内”的比例最高

从培训类型看，幼儿园教师接受的培训中校级培训所占比例最高。2014 年，全省接受校级培训的幼儿园专任教师数占总培训人次的 75.34%；其次是县级培训；省级培训和国家级培训所占的比例较低。如图 2-6 所示。分区域看，全省各地区专任教师接受各级各类培训的人次比例结构类似，仅有细微差别。从培训时间看，一个月以内的比例相对较高。如图 2-7 所示。

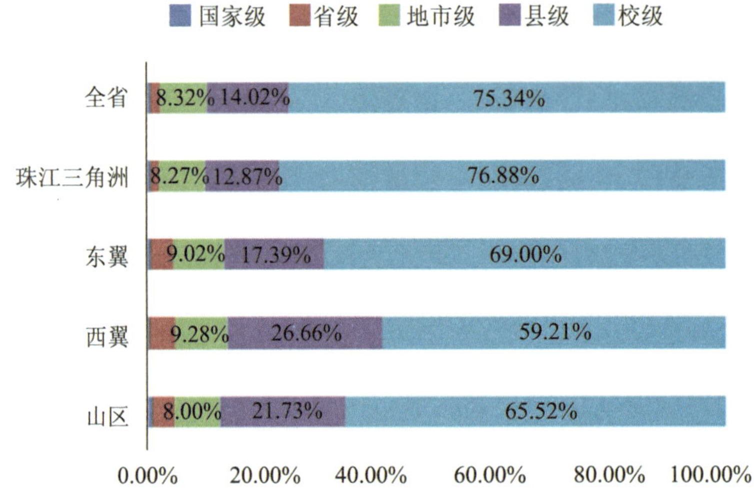

图2-6　2014年广东省各区域幼儿园专任教师参加国内各级各类培训总人次比例情况

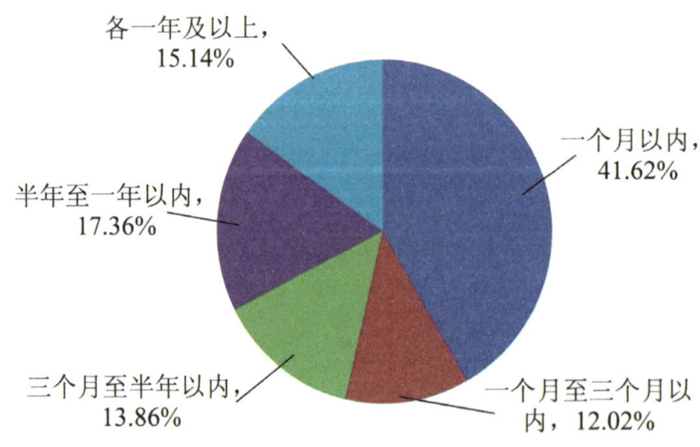

图2-7　2014年广东省幼儿园专任教师参加国内各级各类培训时间比例情况

三、幼儿园办学条件变化情况

2014 年，幼儿园校舍总面积增长较快，但生均校舍面积增长较慢，生均活动室面积仍未达标。

1. 幼儿园生均校舍面积略有增长，但仍未达标

2014 年，全省幼儿园校舍总面积达到 26 513 020 平方米，比上年增长 17.90%。幼儿园生均校舍面积为 6.99 平方米，比上年增加 0.65 平方米。分城乡看，城市幼儿园的生均校舍面积仍高于农村。2014 年，全省城市幼儿园生均校舍面积为 8.25 平方米，仍低于《城市幼儿园建筑面积定额（试行）》规定的 8.8 平方米的最低标准，农村幼儿园生均校舍面积仅为 5.31 平方米。如表 2-14 所示。

表2-14 2013—2014年广东省各城乡幼儿园生均校舍面积情况

单位：平方米

项 目	年份		增加
	2013 年	2014 年	
校舍占地面积	22 488 399.88	26 513 020	4 024 620.12
生均校舍面积	6.34	6.99	0.65
城市校舍面积	15 201 705.05	17 867 630	2 665 924.95
城市生均校舍面积	7.72	8.25	0.53
农村校舍面积	7 286 694.83	8 645 390	1 358 695.17
农村生均校舍面积	4.62	5.31	0.69

分区域来看，全省生均校舍面积均呈上升态势，其中西翼地区增长最多，比上年增加 1.16 平方米，珠江三角洲地区增幅最小。如图 2-8 所示。

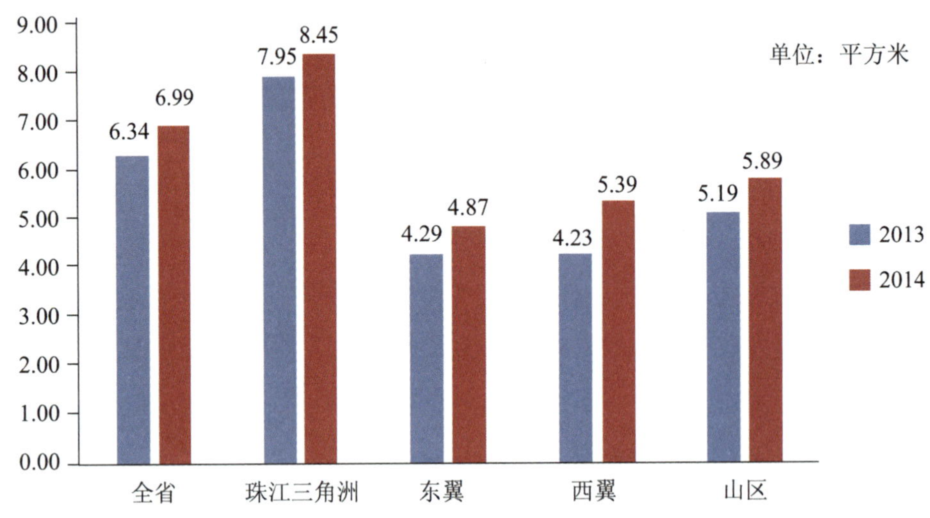

图2-8　2013年、2014年广东省各区域幼儿园生均校舍面积变化情况

分地市来看，2014年我省各地市学前幼儿园生均校舍面积相比上年均有所增加（表2-15）。其中生均校舍面积增加超过0.50平方米的地市有茂名、潮州、河源、珠海、东莞、梅州、湛江等11市。（各地市幼儿园生均校舍占地面积情况详见附录表1-7）

表2-15　2014年广东省各地市幼儿园生均校舍面积变化情况

单位：平方米

增加范围	各地市及增加面积						
0.50以上	茂名	潮州	河源	珠海	东莞	梅州	湛江
	1.75	1.20	1.14	0.98	0.92	0.85	0.83
	云浮	广州	汕尾	揭阳			
	0.78	0.77	0.57	0.54			
0～0.50	韶关	江门	清远	佛山	深圳	惠州	阳江
	0.43	0.41	0.40	0.39	0.36	0.31	0.30
	汕头	中山	肇庆				
	0.29	0.05	0.03				

2．幼儿园生均活动室面积较去年略有增长，但尚未达标

2014 年，全省幼儿园活动室总面积为 10 483 049 平方米，比上年增长 18.09%；生均活动室面积为 2.76 平方米，与上年相比增加 0.26 平方米。

分城乡来看，2014 年全省城市幼儿园活动室面积为 7 080 919 平方米，比上年增长 17.41%；城市幼儿园生均活动室面积为 3.27 平方米，比上年增加 0.21 平方米，达到了《城市幼儿园建筑面积定额（试行）》中幼儿园生均活动室面积应达到 3 平方米的规定。农村幼儿园活动室总面积为 3 402 130 平方米，比上年增长 19.53%，其中，生均活动室面积比上年增加 0.29 平方米。如表 2–16 所示。

表2–16　2013年、2014年广东省分城乡幼儿园生均活动室面积情况

单位：平方米

项目	年份		增加
	2013 年	2014 年	
活动室总面积	8 877 342.66	10 483 049	1 605 706.34
生均活动室面积	2.50	2.76	0.26
城市活动室面积	6 031 032.92	7 080 919	1 049 886.08
城市生均活动室面积	3.06	3.27	0.21
农村活动室面积	2 846 309.74	3 402 130	555 820.26
农村生均活动室面积	1.80	2.09	0.29

分区域来看，2014 年珠江三角洲、东翼、西翼和山区幼儿园生均活动室面积均略有增加。其中，西翼地区增幅最大，比上年增加了 0.44 平方米。如表 2–17 所示。

表2–17　2013年、2014年广东省分区域幼儿园生均活动室面积情况

单位：平方米

地区	年份		增加
	2013 年	2014 年	
珠江三角洲	3.12	3.30	0.18
东翼	1.70	2.02	0.32
西翼	1.74	2.18	0.44
山区	2.04	2.33	0.29

分地市来看，2014 年我省各地市学前幼儿园生均活动室面积，与上年相比均有所增加。生均活动室面积增加数超过 0.20 平方米的地市有潮州、茂名、河源、梅州、广州、东莞、珠海、云浮等 10 市。如表 2–18 所示。（各地市幼儿园生均活动室面积情况详见附录表 1–8）

表 2–18　2014年广东省各地市幼儿园生均活动室面积增减情况

单位：平方米

增长范围	各地市及增加面积								
0.20 以上	潮州 0.80 湛江 0.24	茂名 0.72	河源 0.45	梅州 0.38	广州 0.36	东莞 0.32	珠海 0.35	云浮 0.28	揭阳 0.26
0~0.20	汕尾 0.20 中山 0.05	清远 0.18 肇庆 0.04	阳江 0.18	韶关 0.17	汕头 0.16	惠州 0.15	江门 0.11	深圳 0.09	佛山 0.07

3．幼儿园生均户外场地面积与上年相比有所增长

2014 年，全省幼儿园户外场地总面积为 20 189 077 平方米，比上年增长 15.43 %；生均户外场地占地面积为 5.32 平方米，比上年增加 0.39 平方米。

分城乡来看，城市幼儿园生均户外场地面积高于农村幼儿园生均户外场地面积。2014 年，城市幼儿园生均户外场地面积为 5.74 平方米，比上年增加 0.15 平方米；农村幼儿园生均户外场地面积为 4.77 平方米，比上年增加 0.66 平方米。如表 2–19 所示。

分区域来看，2014 年全省各地区生均户外场地面积，与上年相比均有所增加。其中，西翼增幅最大，增加 1.21 平方米。如表 2–20 所示。

表 2-19　2013年、2014年广东省分城乡幼儿园生均户外场地占地面积情况

单位：平方米

项目	年份		增 加
	2013 年	2014 年	
户外场地总面积	17 490 673.64	20 189 077	2 698 403.36
生均户外场地面积	4.93	5.32	0.39
城市户外场地面积	11 004 682.97	12 422 927	1 418 244.03
城市生均户外场地面积	5.59	5.74	0.15
农村户外场地面积	6 485 990.67	7 766 150	5 977 483.79
农村生均户外场地面积	4.11	4.77	0.66

表2-20　2013年、2014年广东省分区域幼儿园生均户外场地占地面积情况

单位：平方米

地区	年份		增加
	2013	2014	
珠江三角洲	6.43	6.54	0.11
东翼	2.61	3.08	0.47
西翼	3.12	4.33	1.21
山区	4.04	4.47	0.42

分地市来看，2014 年我省各地市学前幼儿园生均户外场地占地面积与去年相比，大部分有所增加，个别有所减少。生均户外场地占地面积增长超过 10% 的地市有茂名、潮州、阳江、汕尾、梅州、云浮、揭阳、河源 8 市；生均户外场地占地面积呈下降趋势的地市有佛山、惠州、肇庆、清远、中山 5 市。如表 2-21 所示。（各地市幼儿园生均户外场地占地面积情况详见附录表 1-9）

表2-21 2014年广东省分地市幼儿园生均户外场地占地面积变化情况

增长范围	各地市及增长比例							
10% 以上	茂名 91.49	潮州 47.04	阳江 28.52	汕尾 21.35	梅州 20.46	云浮 20.19	揭阳 17.65	河源 17.37
0~10%	东莞 8.56	湛江 8.22	韶关 7.31	广州 4.37	汕头 3.16	珠海 3.11	深圳 1.84	江门 1.73
0 以下	佛山 –0.32	惠州 –0.91	肇庆 –3.28	清远 –4.18	中山 –8.83			

4. 幼儿园生均图书数较上年有所增长

2014 年，全省幼儿园图书总藏量大幅度增加，图书总藏量为 30 341 044 册，比上年增长 22.33%；幼儿园生均图书数也有所增加，比上年增加 1.00 册。

分城乡来看，城市幼儿园的生均图书数仍高于农村。2014 年，全省城市幼儿园生均图书数为 8.94 册，比上年增加 0.96 册；农村幼儿园生均图书数为 6.74 册，比上年增加 0.99 册。如表 2–22 所示。

表2–22　2013年、2014年广东省分城乡幼儿园生均图书情况

单位：册

项目	年份		增加
	2013 年	2014 年	
图书总藏量	24 802 296	30 341 044	5 538 748
生均图书	6.99	8.00	1.00
城市图书	15 722 501	19 362 320	3 639 819
城市生均图书	7.99	8.94	0.96
农村图书	9 079 795	10 978 724	1 898 929
农村生均图书	5.76	6.74	0.99

分区域来看，2014 年珠江三角洲、东翼、西翼和山区生均图书数均呈上升态势，东翼、山区增幅相对较大，分别增加 1.47 册和 1.05 册。如表 2–23 所示。

表2-23 2013年、2014年广东省分区域幼儿园生均图书情况

单位：册

地区	年份		增加
	2013 年	2014 年	
珠江三角洲	8.36	9.26	0.90
东翼	4.89	6.35	1.47
西翼	4.62	5.62	1.00
山区	6.90	7.95	1.05

从各地市来看，如表 2-24 所示，2014 年我省各地市学前幼儿园生均图书数与上年相比，大部分都有所增加。生均图书增加数超过 1 册的地市有潮州、深圳、茂名、清远、汕头、河源等 10 市；生均图书数与上年相比有所减少的城市为肇庆、江门和珠海。（各地市幼儿园生均图书情况详见附录表 1–10）

表2-24 2014年广东省分地市幼儿园生均图书情况

单位：册

增长范围	地市及图书增加数								
1 册及以上	潮州 3.03 东莞 1.03	深圳 2.63	茂名 1.88	清远 1.68	汕头 1.53	河源 1.49	云浮 1.22	梅州 1.14	佛山 1.12
0~1 册	广州 0.84	揭阳 0.84	汕尾 0.81	韶关 0.53	阳江 0.37	湛江 0.23	惠州 0.11	中山 0.02	
0 册及以下	肇庆 –0.09	江门 –0.65	珠海 –2.11						

第三部分　义务教育

2014 年，依据《国家教育规划纲要》和《省教育规划纲要》提出的巩固提高九年义务教育水平的目标，全省义务教育在规模发展、办学质量、师资队伍建设等方面都取得了较大进展，义务教育普及程度与巩固水平都有所提高，发展规模趋于稳定，进城务工人员随迁子女教育得到重视，教师队伍建设不断完善。但由于区域间经济社会发展的不均衡，义务教育发展区域间差异显著，同时随着农村留守儿童不断增多，留守儿童教育问题亟需重视，部分地区义务教育办学条件也亟待改善。

一、义务教育普及程度与巩固水平

1. 义务教育普及程度继续保持高位

2014 年，小学学龄儿童入学率达到 99.99%，基本实现 100% 的目标。广东省初中普及程度继续提高，2014 年，广东省初中阶段毛入学率达到 113.83%，比上年增长 0.19%。如图 3–1 所示。

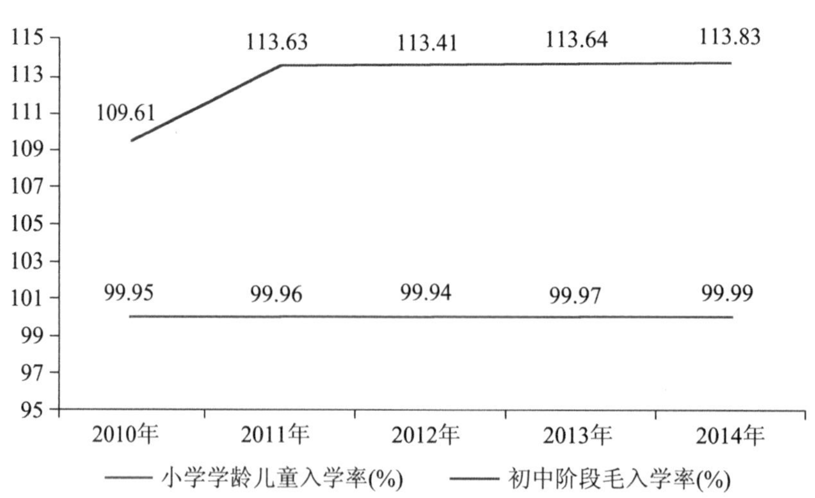

图3–1　2010—2014年广东省义务教育普及水平

2．义务教育巩固水平有待提高

2014 年，广东省小学五年保留率为 95.34%，与《省教育规划纲要》100% 的目标相比还有一定距离。2014 年，广东省初中三年巩固率为 92.57%，比上年增长了 2.50%。广东省小学毕业生升学率为 95.54%，比上年增长了 0.69%。如图 3–2 所示。

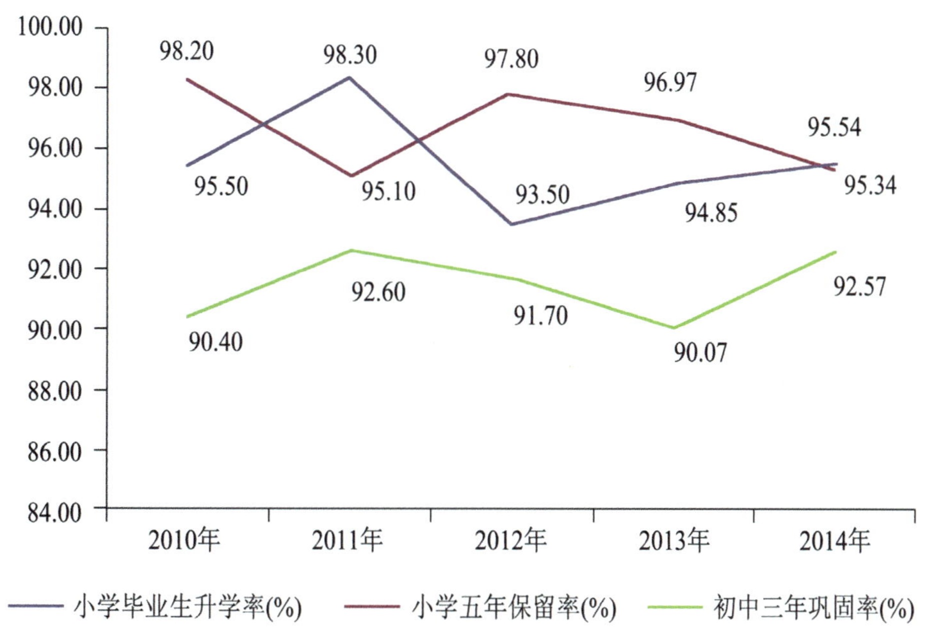

图3–2　2010—2014年广东省义务教育巩固情况

二、义务教育规模发展

1．小学招生人数连续五年回升，初中招生人数持续减少

受学龄人口变化影响，小学招生人数连续五年回升。2014 年，广东省小学招生 153.67 万人，比上年增加 3.67 万人，增长了 2.45%。初中阶段招生规模持续下降，为 119.56 万人，比上年减少 10.42 万人，下降了 8.02%。如图 3–3 所示。

单位：万人

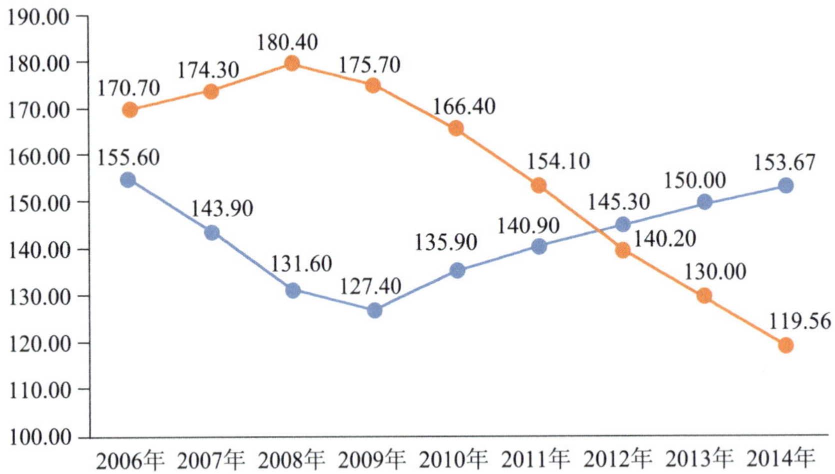

图3-3　2006—2014年广东省义务教育阶段招生规模变化情况

2014 年广东省小学阶段城市招生数共 86.43 万人，占全省小学招生数比例为 56.24%；农村招生数 67.25 万人，占比 43.76%。分区域看，各区域小学阶段招生规模从大到小依次是珠江三角洲、东翼、山区、西翼，占全省小学招生规模比重分别为 53.73%、15.71%、15.34%、15.23%。分城乡看，除珠江三角洲地区的农村小学招生规模比城市少 43.94 万人以外，东翼、西翼、山区的农村小学招生规模均高于城市地区，占所在区域招生比例分别为 61.31%、66.75%、4.33%。见表 3-1。分地市来看，2014 年汕尾、东莞、潮州、揭阳、惠州、江门六市小学招生数较去年均有所下降，六市较去年下降幅度分别为 8.48%、2.83%、2.83%、1.73%、1.25%、0.13%。（分地区小学招生情况详见附录表 2-1 所示）

2014 年广东省初中阶段城市招生数共 62.85 万人，占全省初中招生数比例为 52.57%。农村招生数 56.71 万人，占比 47.43%。分区域看，珠江三角洲初中阶段招生规模最大，为 55.76 万人，山区初中阶段招生规模最小，为 18.29 万人。分城乡看，珠三角农村初中招生规模小于东翼与西翼，山区农村招生规模最小，为 13.24 万人，珠江三角洲城市招生规模为 41.65 万人，远超过东翼、西翼、山区。如表 3-1 所示。分地市看，除东莞市初中阶段招生规模较去年有所增加外，其他各市初中阶段招生规模均比上年有所下降。（分地区初中阶段招生情况详见附录表 2-2）

表3-1 2014年广东省义务教育招生情况

单位：万人

	小学			初中		
	城市	农村	合计	城市	农村	合计
合计	86.43	67.25	153.67	62.85	56.71	119.56
珠江三角洲	63.26	19.31	82.57	41.65	14.11	55.76
东翼	9.33	14.80	24.13	8.53	14.68	23.21
西翼	7.78	15.62	23.40	7.62	14.67	22.29
山区	6.06	17.52	23.58	5.05	13.24	18.29

2．小学在校生规模略有增长，初中则持续下降

在连续下降多年之后，2014 年小学在校生总规模略有增长。2014 年，小学在校生规模为 831.91 万人，比上年增加 24.01 万人，增长了 2.97%。其中，城市小学在校生数为 457.83 万人，农村小学在校生数为 374.08 万人，城乡小学在校生规模差异较为明显。分区域看，珠江三角洲地区小学在校生占全省小学在校生比例最大，为 52.50%，东翼、西翼、山区占比分别为 16.83%、15.69%、14.99%。如图 3-4 与表 3-2 所示。分地市看，除汕尾、湛江、茂名、揭阳四市外，其余各市小学在校生规模均比上年有所增长。（各地区小学在校生情况详见附录表 2-3）

单位：万人

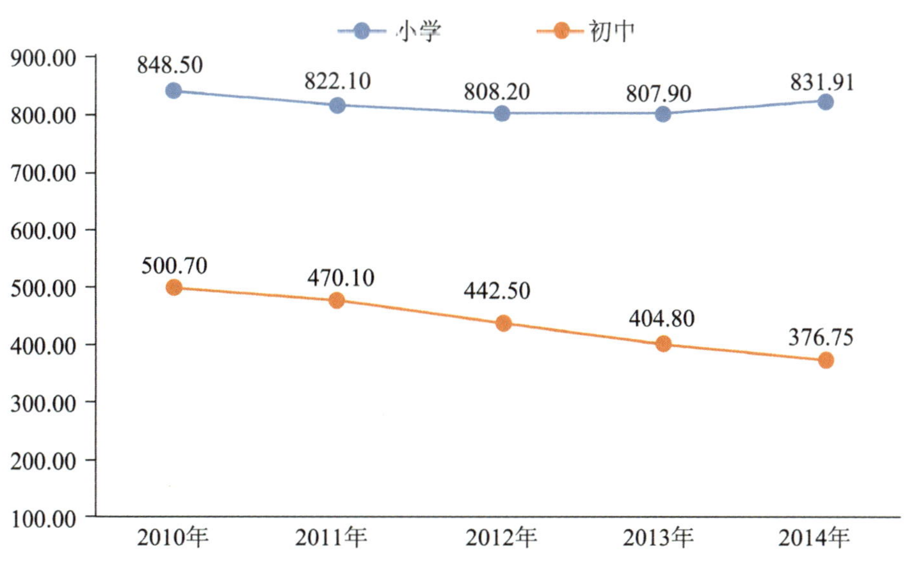

图3-4 2010—2014年广东省义务教育在校生规模变化情况

2014 年，广东省初中阶段在校生为 376.75 万人，比上年减少 28.05 万人，下降了 6.94%。城市初中在校生为 190.05 万人，农村初中在校生为 186.70 万人，城乡间差异不明显。分区域看，珠江三角洲、东翼、西翼、山区初中在校生均有所减少，减幅分别为 3.17%、10.65%、9.79%、8.49%。农村初中在校生中，西翼地区的在校生规模最大，为 51.08 万人，其次分别是东翼、珠江三角洲、山区，占全省农村初中在校生的比例分别为 25.98%、23.87%、22.80%。分地市来看，梅州、汕尾、湛江、潮州、揭阳、云浮六个城市 2014 年初中阶段在校生较 2013 年下降幅度达 10%，以上分别为 10.43%、11.78%、11.04%、11.47%、11.25%、11.81%。（分地区初中阶段在生情况详见附录表 2–4）

表3–2 2014年广东省义务教育在校生情况

单位：万人

	小学			初中		
	城市	农村	合计	城市	农村	合计
合计	457.83	374.08	831.91	190.05	186.70	376.75
珠江三角洲	331.43	105.30	436.73	123.62	44.56	168.18
东翼	51.56	88.43	139.99	27.53	48.51	76.04
西翼	42.21	88.28	130.49	23.59	51.08	74.67
山区	32.63	92.07	124.70	15.30	42.56	57.86

三、进城务工人员随迁子女与农村留守儿童发展情况

《广东省教育发展“十二五”规划》提出逐步放宽非户籍常住人口子女在流入地升学限制，逐步实现符合条件的非户籍常住人口子女接受义务教育与当地户籍学生享有同等待遇。

1. 义务教育阶段随迁子女在校生近八成集中在小学

如表 3–3 所示，2014 年广东省义务教育阶段随迁子女达 383.98 万人，其中，小学随迁子女人数占全省义务教育阶段随迁子女人数比例为 76.67%。分区域看，在珠江三角洲地区学校就读的随迁子女 315.73 万人，占全省 83.04%；在东翼地区和山区学校就读的随迁子女人数基本持平，分别占全省的 7.13% 和 5.61%，而在西翼地区学校就读的随迁子女最少，仅占全省的 4.22%。如图 3–5 所示。

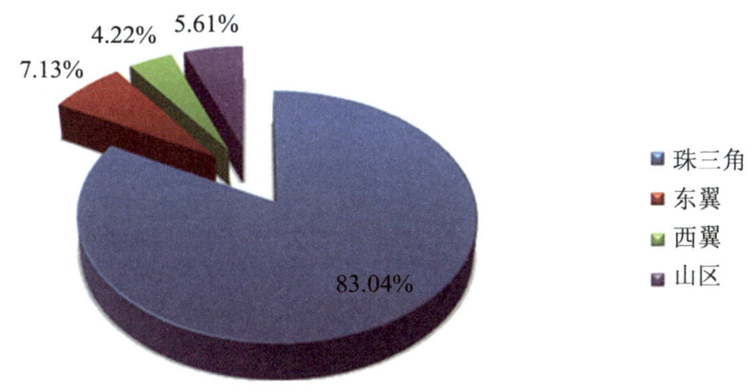

图3-5　广东省义务教育阶段随迁子女在校生情况

2. 义务教育随迁子女在校生八成集中在城市，小学明显高于初中

2014 年，广东省义务教育阶段随迁子女有 383.98 万人，其中有 294.39 万人在小学就读，初中阶段随迁子女数为 89.59 万人。在城市就读的义务教育阶段随迁子女有 313.43 万人，占 81.63%。分区域看，珠江三角洲小学随迁子女最多，为 244.48 万人，东翼地区和西翼地区分别为 20.98 万人和 12.43 万人，山区为 16.51 万人。如表 3-3 所示。

表3-3　2014年义务教育随迁子女在校生情况

单位:万人

	小学			初中		
	城市	农村	合计	城市	农村	合计
广东省	240.18	54.21	294.39	73.25	16.34	89.59
珠江三角洲	205.65	38.83	244.48	60.46	10.80	71.26
东翼	15.18	5.80	20.98	5.62	1.71	7.33
西翼	9.48	2.95	12.43	3.88	1.57	5.45
山区	9.87	6.64	16.51	3.29	2.27	5.56

3. 进城务工人员随迁子女超八成集中在珠江三角洲地区，总体规模增长较大

2014 年，广东省义务教育阶段进城务工人员随迁子女达 273.80 万人，比上年增加 30.94 万人，增长 12.74%。分区域看，在珠江三角洲地区学校就读的进城务工人员随迁子女达到 227.77 万人，比上年增长 12.98%，占全省进城务工人员随迁子女数的

83.19%；在东翼地区学校就读的进城务工人员随迁子女占全省的 6.70%，与上年 6.40% 基本持平；在西翼地区就读的随迁子女占全省的 4.65%，比上年下降 0.3%；山区就读的进城务工人员随迁子女占全省的 5.46%，比上年下降 0.2%。如图 3-6 所示。

单位：万人

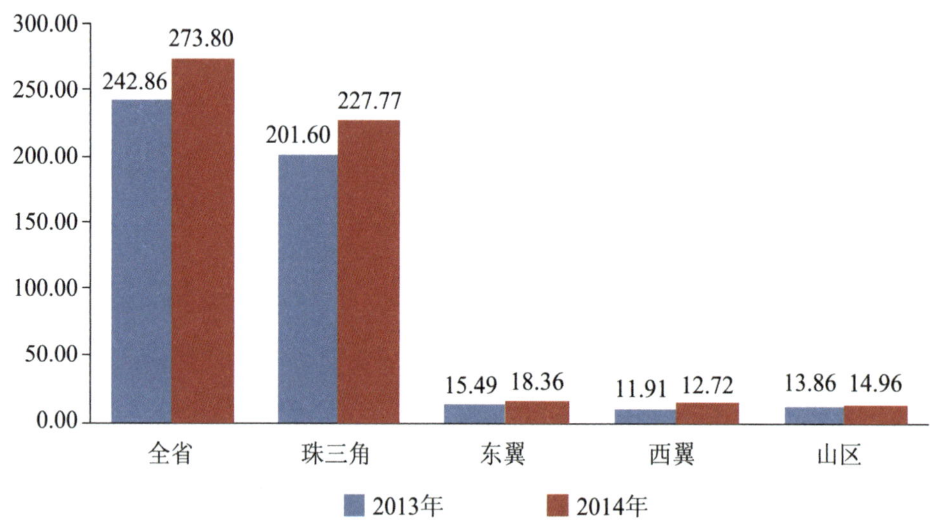

图3-6 2013年、2014年广东省义务教育阶段进城务工人员随迁子女人数

4．初中阶段进城务工人员随迁子女在校生增速快于小学，东翼地区增长最快

2014 年，广东省进城务工人员随迁子女有 211.46 万人在小学就读，比上年增加 23.83 万人，增长 12.70%。分区域看，珠江三角洲小学随迁子女最多，为 177.46 万人，比上年增长 12.74%；东翼地区为 14.14 万人，增长 17.44%；西翼地区为 8.82 万人，增长 6.14%；山区为 11.10 万人，增长 12.12%。如表 3-4 所示。

表3-4 分学段义务教育阶段进城务工人员随迁子女情况

单位：万人

	2013 年		2014 年		比上年升（%）	
	小学	初中	小学	初中	小学	初中
全省	187.63	55.23	211.46	62.34	12.70	12.87
珠江三角洲	157.41	44.19	177.46	50.30	12.74	13.83
东翼	12.04	3.45	14.14	4.22	17.44	22.32
西翼	8.31	3.60	8.82	3.90	6.14	8.33
山区	9.90	4.00	11.10	3.90	12.12	-2.50

2014 年，广东省进城务工随迁子女在初中就读的为 62.34 万人，比上年增加了 7.11 万人，增长 12.87%，增速快于小学。东翼地区增长最快，比上年增长了 22.32%；西翼和山区初中阶段随迁子女人数基本持平，均为 3.90 万人。如表 3–4 所示。

5．进城务工人员随迁子女占在校生总数的比例提高，珠江三角洲地区明显高于东、西翼和山区

2014 年，广东省义务教育阶段进城务工人员随迁子女占在校生总人数的比例为 22.65%，比上年增长了 2.62%。其中，小学阶段随迁子女占在校生总规模的比重为 25.42%，珠江三角洲地区仍然最高，为 37.65%，比上年增长了 3.52%；西翼地区最低，为 6.20%，比上年增长了 0.60%。初中阶段随迁子女占在校生总人数的比例为 16.55%，珠江三角洲地区最高，达 29.91%，比上年增长了 4.47%；西翼最低，为 5.23%，比上年增长了 0.88%。如表 3–5 所示。

表3–5　义务教育阶段进城务工人员随迁子女在校生人数比例（%）

	2013 年			2014 年			比上年增长		
	小学	初中	合计	小学	初中	合计	小学	初中	合计
广东省	23.22	13.64	20.03	25.42	16.55	22.65	2.20	2.91	2.62
珠江三角洲	37.74	25.44	34.13	40.63	29.91	37.65	2.89	4.47	3.52
东翼	8.55	4.06	6.86	10.10	5.55	8.50	1.55	1.49	1.64
西翼	6.39	4.35	5.60	6.76	5.23	6.20	0.37	0.88	0.60
山区	8.23	6.31	7.56	7.91	6.75	7.55	–0.32	0.44	–0.01

6．进城务工人员随迁子女外省迁入的比例高于省内流动；珠江三角洲和东翼地区以外省流入为主，西翼地区和山区以省内流动为主

总体而言，义务教育阶段的进城务工人员随迁子女中外省迁入的比例高于省内流动，但因地而异。2014 年，在广东省义务教育阶段就读的进城务工人员随迁子女中，外省迁入的占 54.94%，省内其他县迁入的占 44.99%。其中，珠江三角洲地区进城务工人员随迁子女以外省迁入为主，2014 年占 58.16%，比上年下降了 0.87%；东翼地区进城务工人员随迁子女也以外省迁入为主，所占比例为 57.83%，比上年下降了 0.71%；西翼地区和山区进城务工人员随迁子女则以省内流动为主，分别占 84.58% 和 62.71%，但西翼地区的比上年增长了 1.12%，山区的比上年下降了 2.42%。如表 3–6 所示。

表3-6 义务教育阶段进城务工人员随迁子女来源占比情况（%）

	2013 年		2014 年		比上年增减	
	外省迁入	省内流动	外省迁入	省内流动	外省迁入	省内流动
广东省	55.53	44.47	54.94	44.99	–0.59	0.52
珠江三角洲	59.03	40.97	58.16	41.84	–0.87	0.87
东翼	58.54	41.46	57.83	42.13	–0.71	0.67
西翼	16.54	83.46	15.42	84.58	–1.12	1.12
山区	34.87	65.13	36.11	62.71	1.24	–2.42

2014 年，在小学阶段就读的进城务工人员随迁子女中，外省迁入所占比例为 57.00%；初中阶段就读者中，该比例为 47.97%（图 3–7）。在珠江三角洲地区小学、

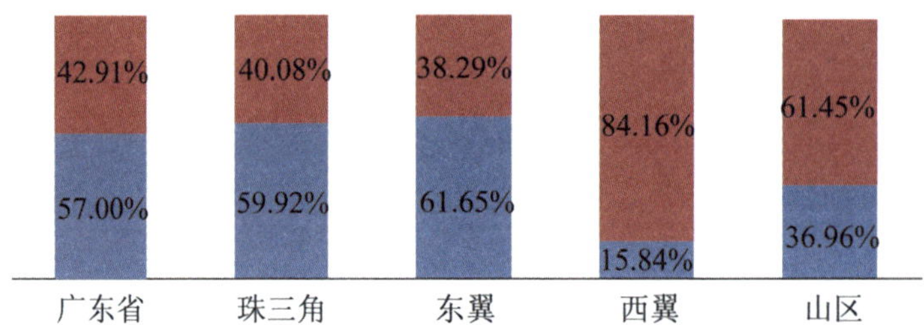

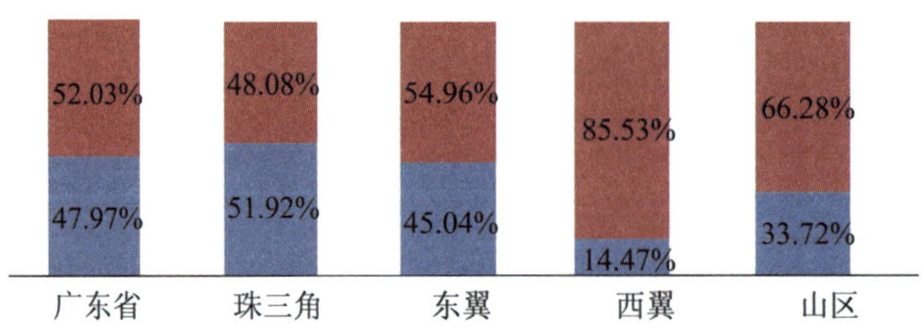

图3–7 2014年小学、初中进城务工人员随迁子女来源

初中阶段就读者中，外省迁入所占比例分别达 59.92% 和 51.92%；在东翼地区小学、初中阶段就读者中，外省迁入所占比例分别达 61.65% 和 45.04%；在西翼地区小学、初中阶段就读者中，省内其他县迁入所占比例分别高达 84.16% 和 85.53%；在山区小学初中阶段就读者中，省内其他县迁入所占比例分别达 61.45% 和 66.28%。

分地市来看，在小学阶段，江门、中山、潮州、东莞、揭阳五市的随迁子女中外省迁入所占比例较高，分别占本市进城务工随迁子女的 73.17%、71.81%、71.51%、69.06%、65.54%。湛江、茂名、阳江、梅州、河源五个城市的随迁子女中从省内其他县迁入所占比例较高，分别占本市进城务工随迁子女的 88.07%、83.05%、72.23%、72.04%、63.34%。（分地区小学、初中阶段进城务工人员随迁子女来源情况分别详见附录表 2–5、2–6）

7．广东省义务教育阶段在校生中农村留守儿童在校生数逾 96 万人，比上年有所增加

2014 年，广东省义务教育阶段在校生中农村留守儿童有 96.83 万人，比上年增加 6.96 万人，增长了 7.75%。如图 3–8 所示。

单位：万人

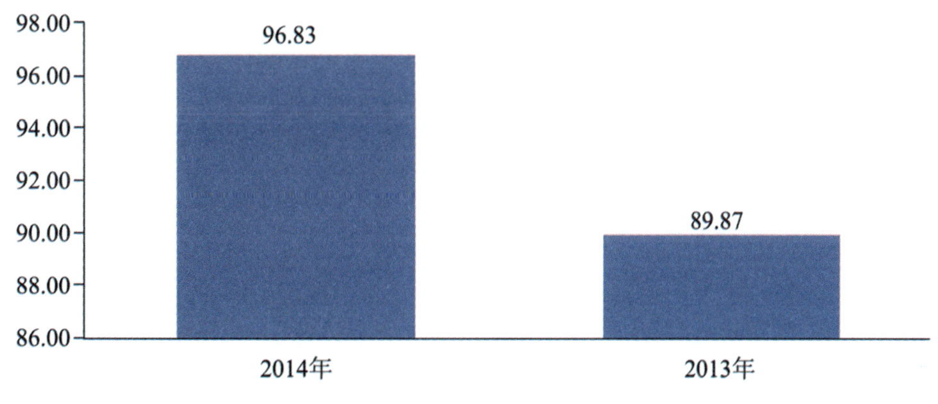

图3–8　2013年、2014年广东省农村留守儿童在校生人数

小学在校生中，广东省农村留守儿童为 62.03 万人，比上年增加 5.12 万人，增长 9%。山区和西翼地区小学留守儿童最多，2014 年分别达到 25.73 万人和 25.50 万人，分别占全省农村小学留守儿童的 41.48% 和 41.11%。如表 3–7 所示。

初中在校生中，农村留守儿童有 34.80 万人，比上年增加 1.84 万人，增长 5.58%。西翼地区初中留守儿童最多，2014 年达 16.13 万人，占全省农村初中留守儿童的

46.35%。

表3-7　2013年、2014年广东省分区域小学、初中农村留守儿童在校生人数

单位：万人

	小学			初中		
	2013	2014	增长（%）	2013	2014	增长（%）
广东省	56.91	62.03	9.00	32.96	34.80	5.58
珠江三角洲	8.46	8.05	-4.85	5.28	5.12	-3.03
东翼	2.12	2.75	29.72	1.37	1.61	17.52
西翼	22.03	25.50	15.75	13.83	16.13	16.63
山区	24.29	25.73	5.93	12.49	11.94	-4.40

四、义务教育教师队伍发展情况

2014 年，广东省义务教育阶段专任教师规模略有变化。小学专任教师为 45.44 万人，比上年增加了 1.68 万人；初中专任教师为 27.85 万人，比上年增加 1734 人。另外，小学代课教师有 5142 人，比上年减少 291 人；中学代课教师有 2727 人，比上年减少 57 人。

1. 全省义务教育生师比持续下降，教师配备状况得到改善

2014 年，广东省小学生师比为 18.31:1，比上年略有下降。其中，农村小学生师比为 16.11:1，明显低于城市，珠江三角洲、东翼、西翼、山区各地区格局一致。东翼、西翼地区小学生师比持续下降，东翼地区由上年的 18.00:1 下降为 17.46:1，西翼地区则由去年的 16.28:1 下降至 16.19:1。珠三角地区与山区小学生师比则有所增长。如表 3-7 所示。分地市来看，除韶关、河源、梅州、惠州、阳江、湛江、云浮比去年略有上升之外，其他各市均有所下降，教师配置状况得到改善。（分地区小学生师比详见附录表 2-7）

广东省初中生师比下降明显，由上年的 14.70:1 下降为 13.53:1。广东省农村初中生师比为 12.73:1，明显低于城市的 14.42:1。其中东翼地区农村初中生师比 14.35:1，略高于城市的 14.24:1；珠江三角洲、西翼、山区地区的农村初中生师比均低于城市。如表 3-8 所示。分地市看，茂名、湛江、中山、汕尾降幅较大，减少 1 以上，其他各

市均有所下降，教师配置状况得到了一定的改善。（分地区初中阶段师生比详见附录表 2–8）

表3–8 2014年广东省分区域、分城乡义务教育学校生师比

地区	小学			初中		
	农村	城市	合计	农村	城市	合计
广东省	16.11:1	20.60:1	18.31:1	12.73:1	14.42:1	13.53:1
珠江三角洲	18.45:1	22.19:1	21.15:1	12.73:1	14.48:1	13.97:1
东翼	16.51:1	19.36:1	17.46:1	14.35:1	14.24:1	14.31:1
西翼	14.83:1	20.06:1	16.19:1	13.90:1	15.18:1	14.28:1
山区	15.08:1	19.49:1	16.03:1	10.34:1	13.22:1	10.97:1

2. 山区、东翼、西翼地区义务教育教师学历层次提升较快，初中区域差距依然较大

义务教育教师学历合格率保持在较高水平，城乡差距已不明显。2014 年，小学教师学历合格率为 99.99%，城乡差距仅为 0.05%；初中教师学历合格率为 99.92%，城乡差距仅为 0.12%。

义务教育高一级学历教师比例大幅提升。2014 年，广东省小学大专及以上学历教师比例达到 93.33%，比上年提高 3.30%。其中，城市小学为 97.18%，农村小学为 89.65%，相差 7.53%；分区域看，山区、东翼、西翼地区小学大专及以上学历教师比例提升较快，分别比上年提高 2.01%、2.30%、1.60%，提升幅度明显高于珠江三角洲地区，这也与珠江三角洲地区教师队伍基础较好密切相关。如图 3–9 所示。分地市来看，除汕头、汕尾、韶关、梅州、云浮 5 市外，其他各市小学大专及以上学历教师比例均达到 90% 以上。（分地区义务教育高一级学历师生比详见附录表 2–9）

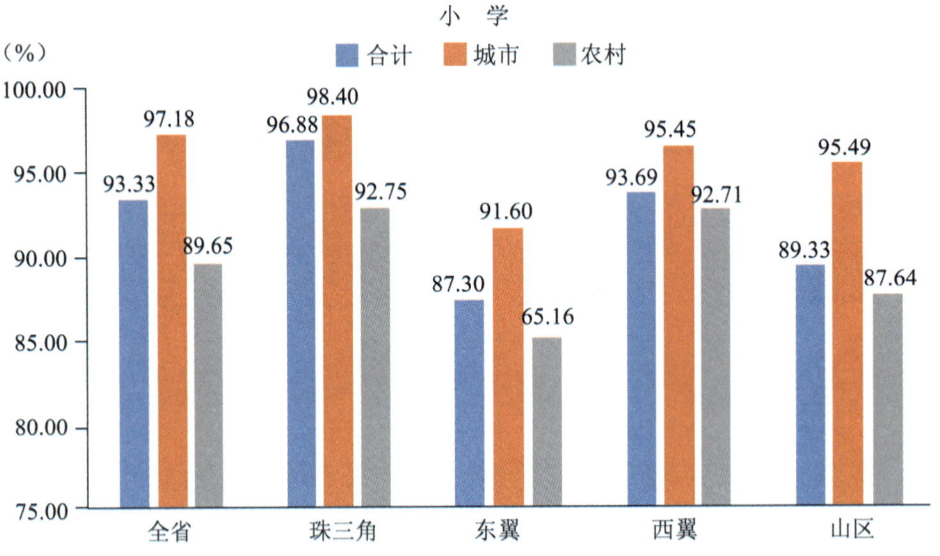

图3-9 2014年广东省分区域、分城乡小学大专及以上学历教师比例

2014年，广东省初中本科及以上学历教师比例达到77.15%，比上年提高了5.95%。其中，城市初中为85.03%，农村初中为70.08%，相差14.95%。如图3-10所示，分区域看，东翼、西翼、山区初中本科及以上学历教师比例分别比上年提升4.01%、3.80%、3.50%，但仍然比珠江三角洲地区分别低28.83%、14.79%和17.90%，虽然与去年相

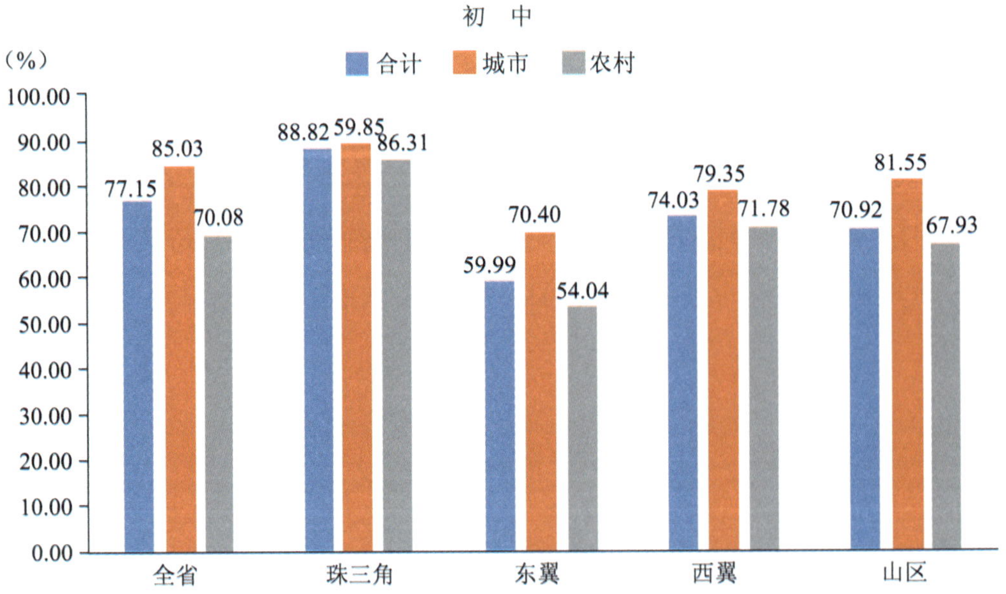

图3-10 2014年广东省分区域、分城乡初中本科及以上高一级学历教师比例

比差距继续在缩小，但从整体来看，区域间差距依然较大。分地市来看，汕尾、揭阳两市初中教师该比例尚未达到60%。

3. 义务教育学校中级及以上职称教师比重略有增长，区域差距和城乡差距仍较大

2014年，广东省小学中级及以上职称教师比重为62.50%。其中城市小学为55.28%，农村小学为69.65%，相差14.37%。分区域看，珠江三角洲地区小学中、高级职称教师比例为56.01%，分别比东翼、西翼和山区低8.29%、11.58%和24.08%，珠江三角洲地区该指标农村比城市高出18.45%。如图3-11所示。分地市来看，广州、深圳、汕头、汕尾、东莞、珠海、中山7市中级及以上职称教师比例尚未达到60%，江门、阳江、韶关、清远4市该指标则达到80%以上。（分地区义务教育中级以上职称教师比重详见附录表2-10）

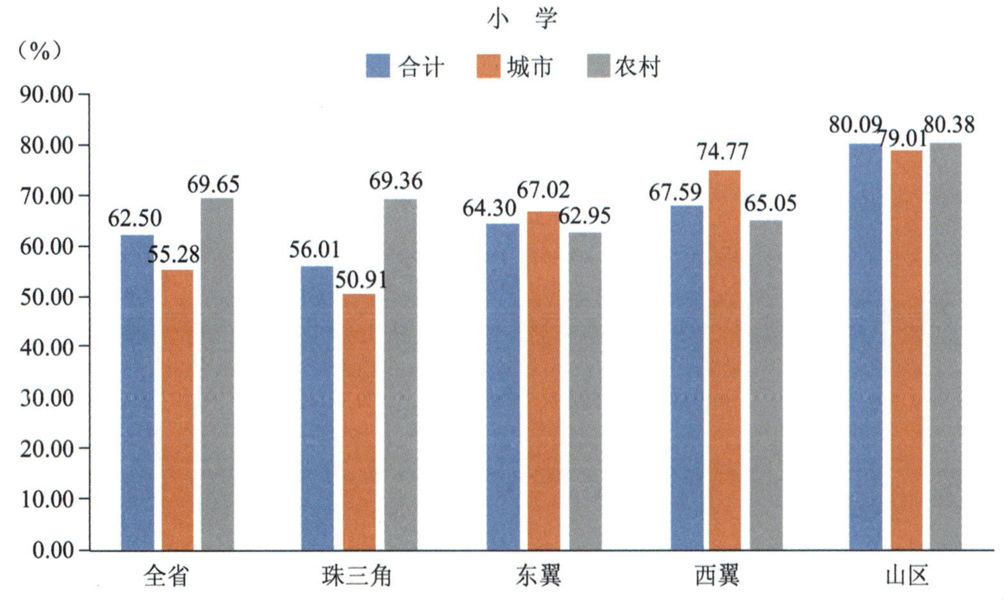

图3-11 2014年广东省分区域、分城乡小学中级及以上职称教师比例

2014年，广东省初中中级及以上职称教师比例为60.90%，比上年提高1.70%。其中城市初中为60.32%，农村初中为61.43%，相差1.11%。分区域看，山区初中中、高级职称教师比例为73.58%，分别比西翼、珠江三角洲和东翼高17.54%、13.02%和19.69%。如图3-12所示。分地市来看，深圳、东莞、汕头、湛江4市初中中级及以上职称教师比例尚未达到50%，韶关初中教师该指标则达到81.84%。

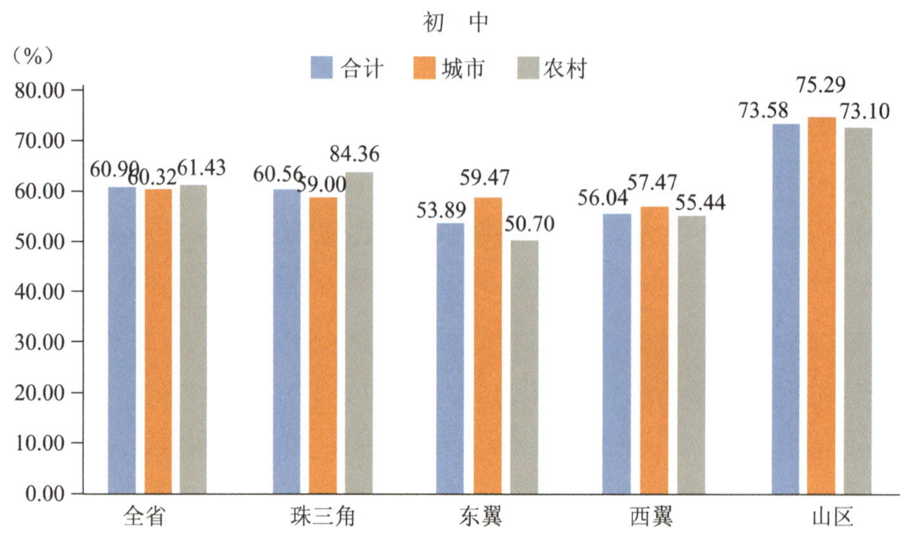

图3-12 2014年广东省分区域、分城乡初中中级及以上职称教师比例

4. 义务教育学校教师人均年培训次数有所增长，大部分培训时间在一个月以内，类型以校级和县级培训为主

2014 年，广东省小学教师人均年培训次数为 3.96 次，其中城市小学为 5.56 次，农村小学为2.43 次，城乡差异较大。分区域看，西翼地区小学教师人均年培训次数较低，为 1.50 次，东翼为 2.51 次，山区为 2.90 次，珠江三角洲地区最高，为 5.81 次，区域差异显著。如图 3-13 所示。

单位：次

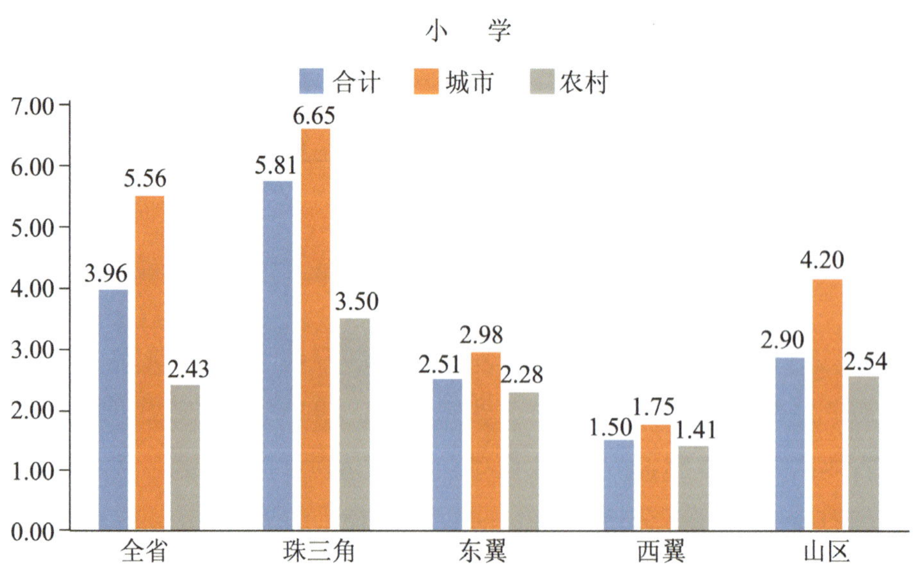

图3-13 2014年广东省分区域、分城乡小学教师人均年培训次数

广东省初中教师人均年培训次数为3.63次，城市初中为4.60次，农村初中为2.77次。分区域看，西翼地区初中教师培训次数较低，仅为1.74次；东翼地区为2.84次；山区为3.21次；珠江三角洲地区为5次，区域差异显著。如图3-14所示。

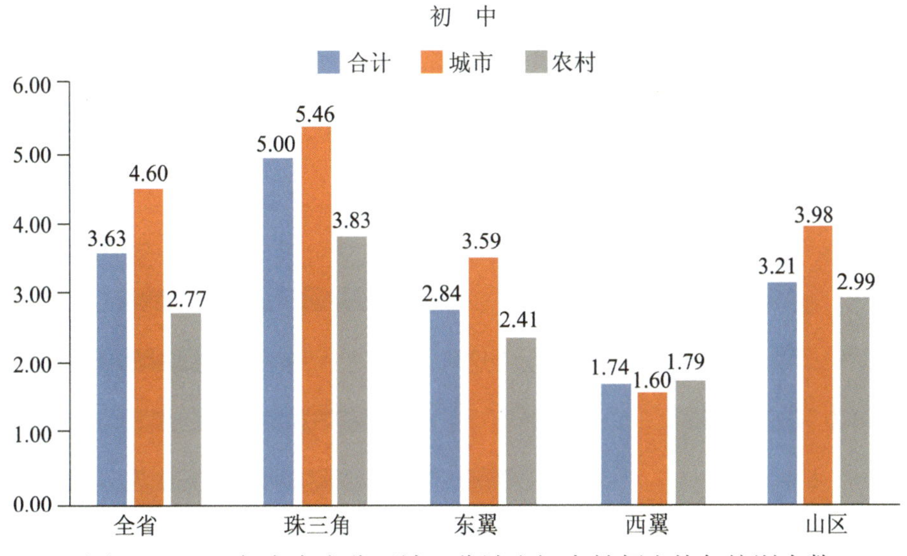

图3-14　2014年广东省分区域、分城乡初中教师人均年培训次数

从培训时间看，义务教育学校教师的培训主要是一个月以内的培训。2014年，小学教师接受一个月以内培训次数占培训总次数的比例为67.16%，初中为71.48%。分区域看，山区小学教师培训和东翼初中教师培训中，一个月以内的培训所占比例超过了80%。如表3-9所示。

表3-9　2014年广东省义务教育学校教师培训时间的分配占比情况（%）

地区	1个月以内	1至3个月	3个月至半年	半年至1年	1年及以上	合计
小学						
广东省	67.16	13.46	6.68	7.27	5.43	100
珠江三角洲	63.95	12.98	7.36	8.65	7.06	100
东翼	72.35	15.41	5.63	5.22	1.39	100
西翼	69.27	18.50	7.20	3.18	1.85	100
山区	80.35	12.04	3.33	3.22	1.07	100
初中						
广东省	71.48	13.29	5.73	6.60	2.91	100
珠江三角洲	67.34	13.16	7.03	8.60	3.86	100
东翼	80.07	12.44	3.60	3.30	0.59	100
西翼	74.19	15.33	5.19	2.99	2.29	100
山区	78.96	13.22	2.81	3.62	1.39	100

从培训类型看，义务教育学校教师的培训以校级、县级培训为主。2014 年，小学教师接受校级、县级培训次数占培训总次数的比例分别为 56.98% 和 24.81%，珠江三角洲小学教师接受校级培训次数占培训总次数的比例最大，为 62.51%。如图 3–15 所示。初中教师接受校级、县级培训次数占培训总次数的比例分别为 49.72% 和 24.52%，同样珠江三角洲初中教师培训主要以校级培训为主，校级培训占培训总次数的比例为 56.66%。如图 3–16 所示。

单位 :%

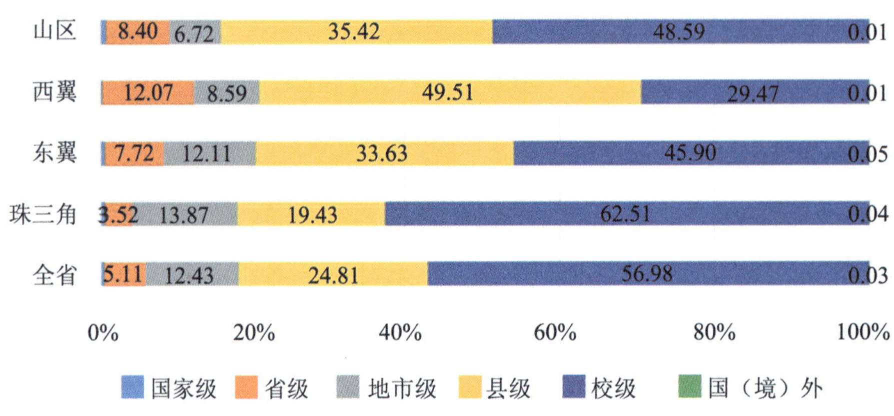

图3–15 2014年广东省小学教师培训类型的构成

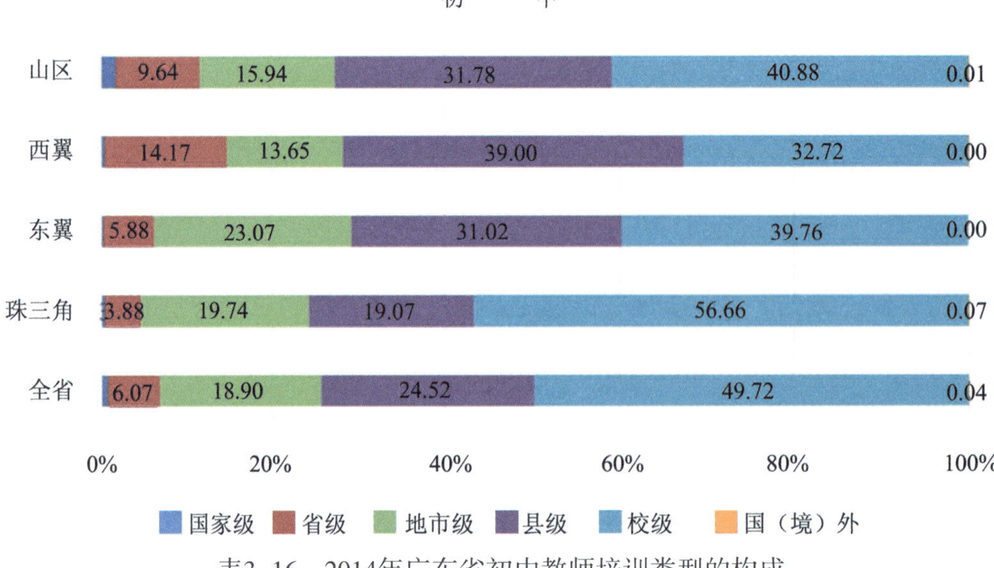

表3–16 2014年广东省初中教师培训类型的构成

五、义务教育学校办学条件变化情况

各级政府积极贯彻“新增教育经费主要用于农村”的政策，农村义务教育保障新机制顺利推进，农村义务教育投入大幅增加，农村小学、初中基本办学条件得到明显改善。但是，义务教育学校办学条件的城乡和区域差距依然较大。

1．义务教育生均教学仪器设备值有所减少，城乡差距依然较大

2014 年，广东省小学生均教学仪器设备值为 1261.17 元，比上年减少 248.30 元，其中，城市小学比上年减少 583.94 元，农村小学则比上年增加 31.39 元。分区域来看，除珠江三角洲小学生均教学仪器设备值比上年减少 620.81 元外，东翼、西翼、山区均比上年有所增加。如图 3–17 所示。分地市来看，深圳小学生均教学仪器设备值减幅最大，减幅达 1354.82 元，揭阳、云浮、潮州、茂名、湛江、梅州、河源、韶关均比上年有所增加。（分地区小学生均仪器设备值详见附录表 2–11）

单位 : 元

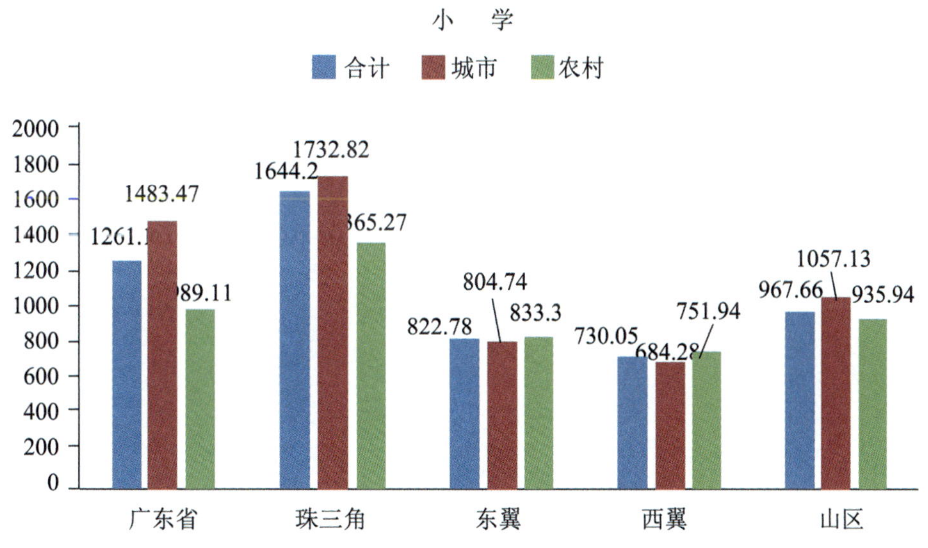

图3–17　2014年小学分区域、分城乡生均教学仪器设备值

2014 年，广东省初中生均教学仪器设备值为 2074.41 元，比上年减少 679.79 元。分区域来看，各区域城市、农村初中生均教学仪器设备值均比去年减少，珠江三角洲城市减幅最大，达到 1664.53 元。如图 3–18 所示。分地市来看，除韶关、河源、潮

州三市外，其他各市初中生均教学仪器设备值均比去年有所减少。（分地区初中阶段生均仪器设备值详见附录表 2–12）

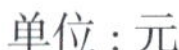

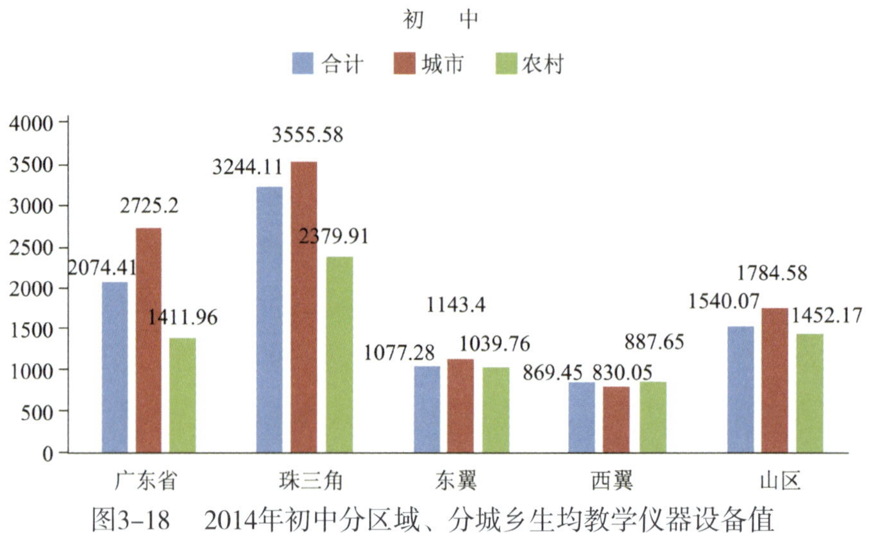

图3–18　2014年初中分区域、分城乡生均教学仪器设备值

2. 义务教育寄宿生人数有所增加，小学与初中生均宿舍面积比上年均有所减少（图 3–19）

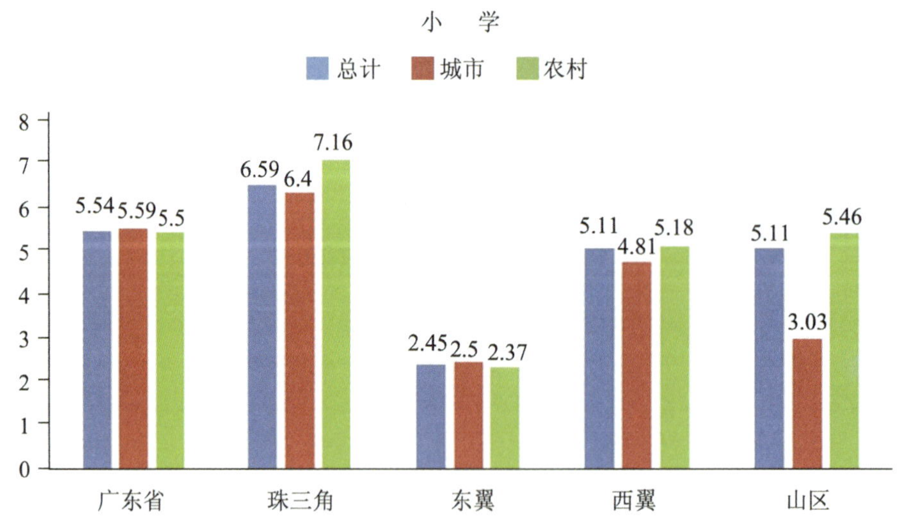

图3–19　2014年广东省分区域、分城乡小学寄宿生生均宿舍面积

2014 年，广东省小学寄宿生规模达 32.13 万人，比上年增加 4.73 万人，增长 17.26%；小学寄宿生占在校生的比例为 3.86%，山区农村地区和西翼农村地区小学寄

宿生占在校生的比例分别达 7.2% 和 10.2%。广东省小学寄宿生生均宿舍面积为 5.54 平方米，与上年相比，减少了 9.82 平方米，仍超过了《广东省义务教育规范化学校标准（试行）》生均 4 平方米的标准。其中，东翼地区为 2.45 平方米，比珠江三角洲少 4.14 平方米，比西翼和山区各少 2.66 平方米，地区间差异仍然较大。分地市来看，珠海、江门两市小学生均宿舍面积达到 10 平方米以上，深圳、汕头、梅州、汕尾、中山、揭阳、阳江 7 市则尚未达到生均 4 平方米的标准。（分地区小学寄宿生生均住宿面积详见附录表 2–13）

2014 年，广东省初中寄宿生规模达 112.75 万人，比上年增加 1.85 万人，增加 1.67%。初中寄宿生占在校生的比例为 29.93%，西翼农村地区和山区农村地区初中寄宿生占在校生比例则分别高达 63.61% 和 47.09%。广东省初中寄宿生生均宿舍面积为 5.88 平方米，比上年减少 4.86 平方米，超过了《广东省义务教育规范化学校标准（试行）》生均 4.5 平方米的标准。其中西翼 5.41 平方米，比珠江三角洲地区少 4.1 平方米，比东翼少了 17.85 平方米，区域差异显著。如图 3–20 所示。分地市来看，珠海、中山、东莞、汕尾、河源、阳江、清远、潮州、揭阳等市初中生均住宿面积达到 10 平方米以上，湛江则尚未达到生均 4.5 平方米的标准。（分地区初中阶段寄宿生生均住宿面积详见附录表 2–14）

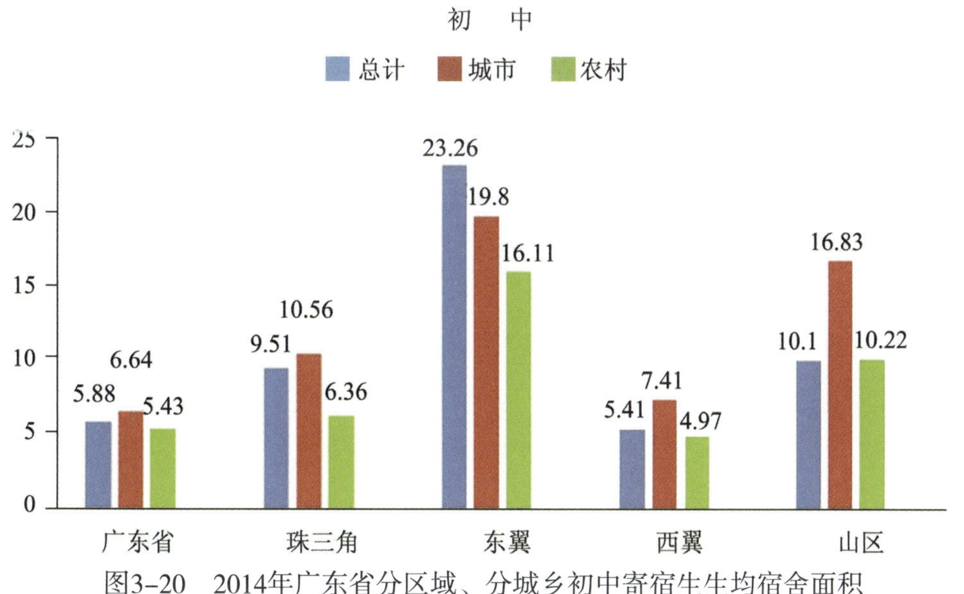

图3–20 2014年广东省分区域、分城乡初中寄宿生生均宿舍面积

3. 义务教育信息化水平逐步提高，区域间仍存在一定差距

小学、初中每百名学生拥有计算机台数不断增加，地区间差异有所缩小。2014年，广东省小学每百名学生拥有计算机台数由上年的7.34台增加为9.69台，初中由上年的10.00台增加为13.63台。分地市看，深圳、东莞、汕头、韶关、汕尾、阳江和河源7个市，小学每百名学生拥有计算机台数低于8台，大部分位于东翼和山区，其中，汕尾最低，仅为4.71台。就初中来看，汕头、汕尾和湛江3个市每百名学生拥有计算机台数远远低于全省平均水平，也都全部位于东翼和西翼地区，如图3–21所示。

单位：台

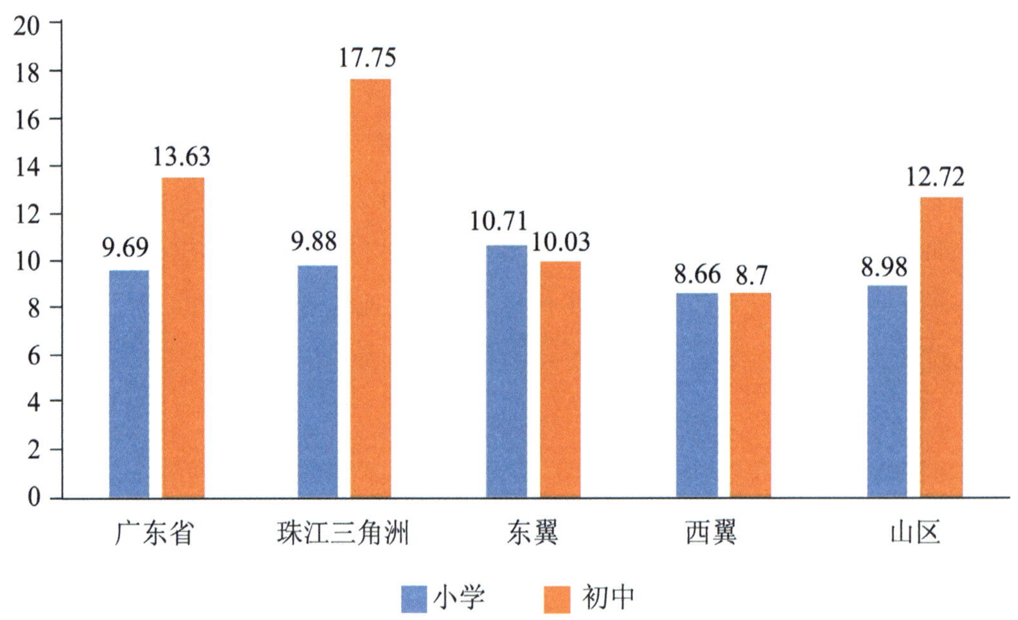

图3–21　2014年义务教育学校分区域每百名学生拥有教学用计算机台数

4. 义务教育大班额问题得到一定程度地缓解，小学与初中均达到省规范化学校标准（表3–10）

2014年，广东省义务教育平均班额为41人，比上年减少1人。分区域看，山区平均班额最小，为37人，珠江三角洲平均班额最大，为45人，区域间仍存在一定差距。与2013年相比，各地区平均班额均有所减少，其中东翼地区减幅最大，达7人。

2014年，广东省小学平均班额为39人，与上年持平，达到了广东省义务教育规范化学校标准规定的小学班额不超过46人的标准。分区域看，西翼和山区小学平均班额最小，为 34 人，珠江三角洲地区平均班额最大，为 44 人，区域差距较大。与 2013 年相比，东翼、西翼地区分别减少 3 人和 2 人，山区增加了 3 人，珠江三角洲及山区与上年持平。

2014 年，广东省初中平均班额为 46 人，比去年减少 3 人，已达到广东省义务教育规范化学校标准规定的不超过 50 人的标准。分区域看，山区平均班额最小，为 44 人，区域差距仍存在。与 2013 年相比，各地区初中平均班额均有所减少，其中东翼地区减幅最大，达到 5 人。

表3–10 义务教育平均班额统计情况

单位:人

地区	2013 年			2014 年		
	小学	初中	义务教育	小学	初中	义务教育
广东省	39	49	42	39	46	41
珠江三角洲	44	47	45	44	46	45
东翼	39	53	43	36	48	40
西翼	32	52	38	34	48	38
山区	34	47	37	37	44	37

城区及镇区大班额现象仍较普遍，东翼和西翼地区尤为突出。2014 年，全省小学大班数为 1.14 万，其中城区 9554 个，镇区 1538 个，乡村 347 个。全省小学 56 人及以上大班额的比例为 5.49%，与上年相比，下降了 2.48%。其中，城区为 9.51%，镇区为 2.90%，乡村为 0.98%。分区域看，珠江三角洲地区小学大班额比例最高，为 8.57%，西翼地区为 2.95%，东翼地区为 3.10%，山区为 2.68%。与 2013 年相比，东翼和西翼的城市大班额比例下降迅速，分别下降了 11.86% 和 11.23%。如表 3–11 所示。分地市来看，广州、梅州、阳江、潮州、云浮 5 市该比例低至 1% 以下，深圳、惠州、汕尾、东莞则高达 10% 以上。（分地区小学大班额比例详见附录表 2–15）

2014 年，全省初中大班数为 0.37 万，其中城区 2855 个，镇区 604 个，乡村 198 个。全省初中 56 人及以上大班额比例为 4.50%，比上年降低了 8.29%，其中城区为 7.04%，镇区为 1.89%，乡村为 2.27%。分区域看，珠江三角洲和东翼地区的比例较高，分别

为 5.99% 和 4.34%，山区为 1.22%，西翼地区为 3.89%。与 2013 年相比，东翼和西翼的大班额比例下降迅速，分别下降了 18.97% 和 18.68%。城市大班额现象突出，也反映出义务教育资源配置的均衡问题仍有待改进。如表 3-11 所示。分地市来看，惠州、汕尾、东莞大班额比例达 10% 以上，广州、梅州、阳江、清远、潮州、云浮等市该比例则低至 1% 以下。（分地区初中阶段大班额比例详见附录表 2-16）

表3-11　2014年义务教育阶段大班额比例（%）

地区	小学				初中			
	合计	城区	镇区	乡村	合计	城区	镇区	乡村
广东省	5.49	9.51	2.90	0.98	4.50	7.04	1.89	2.27
珠江三角洲	8.57	10.14	4.83	4.05	5.99	7.24	2.39	3.72
东翼	3.10	4.91	4.78	0.32	4.34	4.53	4.58	3.55
西翼	2.95	11.66	0.06	—	3.89	11.56	0.53	0.47
山区	2.68	8.28	1.96	0.11	1.22	3.26	0.68	—

第四部分　高中阶段教育

2014年广东省全面落实教育规划纲要，高中教育大众化水平进一步提高，高中教育改革有序推进。高中阶段教育[①]（不包含技工学校和成人高中）平稳发展，在校生规模与上年相比略有减少，招生规模有所增加，全省高中阶段教师数量和质量都得到提升。总体来说，高中阶段教育普及水平进一步提高。普通高中、中等职业学校办学条件有所改善，但仍存在地区差异。

一、高中阶段教育规模与普及水平发展情况

1. 高中阶段招生规模略有增加，其中普通高中招生略有增加，中等职业教育招生数量有一定幅度的减少

2014年，广东省高中阶段教育招生121.03万人，比上年增加0.61万人，增长0.51%。其中，2014年普通高中招生比上年增加6.25万人，达到79.33万人；中等职业教育[②]招生共计41.70万人，比上年减少5.64万人。如图4–1所示。

单位：万人

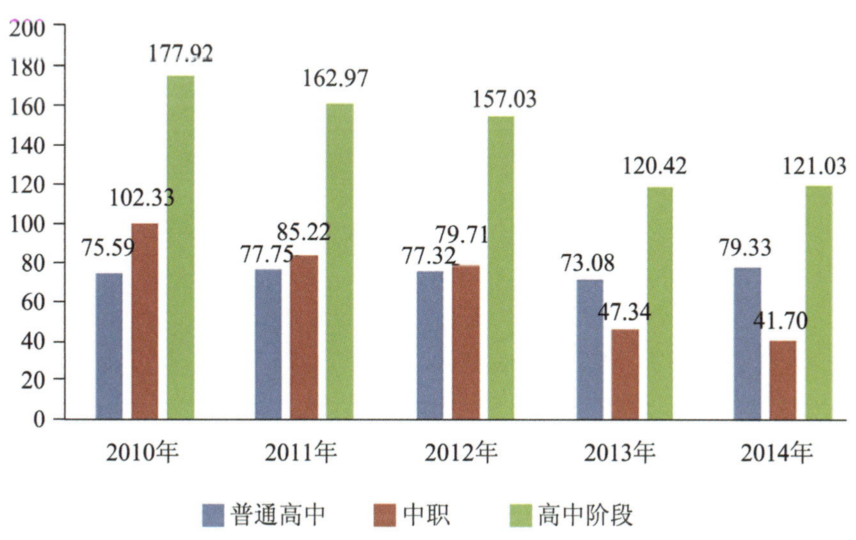

图4–1　2010—2014年广东省高中阶段普、职招生规模变化

①高中阶段教育均指普通高中以及中等职业学校。未含技工学校与成人高中。
②中等职业教育指中等职业学校，未含技工学校。

分区域看，2014 年珠江三角洲地区高中阶段教育招生 57.75 万人，比上年增长 15.24%；东翼地区高中阶段教育招生 23.38 万人，比上年减少 10.37%；西翼地区高中阶段教育招生 21.27 万人，比上年减少 11.52%；山区高中阶段教育招生 18.45 万人，比上年减少 8.49%。（分地市高中阶段规模发展情况详见附录表 3–1）

2014 年，全省 21 个地市中，有 10 个地市高中阶段教育招生规模比上年有所增加，其中增幅最大的是中山市，为 36.04%。在招生减少的地市中，其中汕尾降幅最大，达到 14.99%。

2014 年，高中阶段教育普通高中分地市看，中山市高中阶段教育招生中普高增幅最大，为 67.32%；潮州市最低，降低 14.45%。（分地市普通高中规模发展情况详见附录表 3–2）

2014 年，高中阶段教育招生中中职分地市看，深圳市高中阶段教育招生中中职增幅最大，为 12.85%；汕尾市最低，降低 48.20%。（分地市中等职业教育规模发展情况详见附录表 3–3）。

2014 年，广东省中职学校共招收农民学生 2141 人，主要集中于广州市、深圳市、珠海市等 10 个地级市，其中梅州市、汕尾市、湛江市、清远市以及潮州市 5 个市中职学校招生总数中农民所占的比重超过省平均水平，梅州市中职学校招生总数中农民所占的比重达到 7.47%。如表 4–1 所示。

表4–1 2014年广东省中等职业学校招生中农民所占比例地区分布

分档	珠江三角洲	东翼	西翼	山区
>5%				梅州
>1% 且≤ 5%		汕尾、潮州	湛江	清远
>0 且≤ 1%	广州、深圳、珠海、江门	汕头		
0%	中山、惠州、佛山、肇庆	揭阳	阳江、茂名	韶关、云浮河源

2．高中阶段教育在校生规模比上年减少，普通高中和中职在校生规模均有所下降

2014 年，高中阶段教育在校生规模 342.24 万人，比上年减少 6.29%。其中，普通高中在校生规模比上年减少 2.92%，降低至 214.02 万人。中等职业教育在校生规模为 128.22 万人，比上年减少 11.42%。如图 4–2 所示。

单位：万人

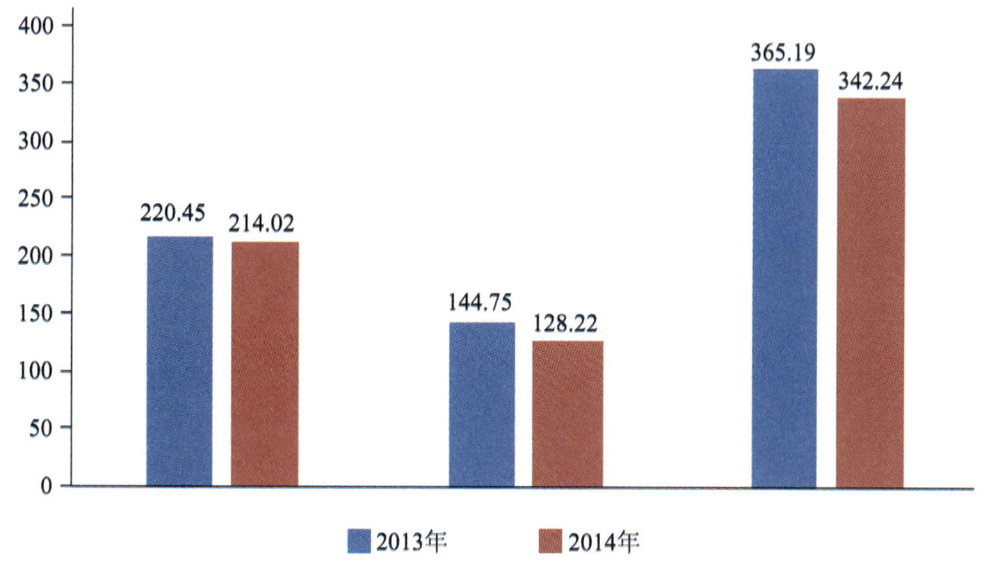

图4–2　2013年、2014年广东省高中阶段教育在校生变化情况

分区域看，2014 年所有地区的高中阶段教育在校生规模均有下降，如表 4–2 所示。珠江三角洲地区高中阶段教育在校生人数为 145.41 万人。分地市看，除广州、深圳、东莞、中山增长外，其他各市均有所减少，其中深圳市增幅最高，为 2.99%；东翼地区高中阶段教育在校生为 74.63 万人，比上年下降 9.37%，其中潮州市降幅最大达到 16.13%；西翼地区为 64.79 万人，比上年下降 9.41%，其中阳江市降幅最大，达到 13.29%；山区高中阶段教育在校生为 57.42 万人，比上年下降 12.47%，其中梅州市下降最大，降幅达到 8.54%。分区域高中阶段教育在校生情况，如表 4–2 所示。

表4-2 2013年、2014年广东省分区域高中阶段教育在校生情况

单位：万人

地区	2013年			2014年		
	普通高中	中职	合计	普通高中	中职	合计
全省	220.45	144.75	365.20	214.02	128.22	342.24
珠江三角洲	82.95	62.78	145.73	82.57	62.84	145.41
东翼	49.49	32.85	82.34	47.09	27.54	74.63
西翼	48.06	23.46	71.52	46.20	18.59	64.79
山区	39.95	25.65	65.60	38.16	19.26	57.42

3. 普通高中民办学校数量比上年有所增长，民办学校数量除东翼地区与上年相比有所下降外，其他地区均有所上升（表4-3）

2014年，广东省普通高中民办学校的比例为14.92%，比上年增长0.93%；公办学校的比例为85.08%，比上年下降0.93%。

分区域看，珠三角、西翼和山区普通高中民办学校所占比例较上年均有所增长，增幅分别为0.94%、3.01%、0.63%；东翼地区普通高中民办学校所占比重为11.06%，与上年相比略有下降，下降0.68%。普通高中公办学校所占比重除了东翼地区略有增长外，其他地区与上年相比，均有所减少。其中，西翼下降幅度最大，下降3.01%；珠三角地区居其次，下降0.94%；山区下降0.63%。

表4-3 广东省普通高中公办、民办学校所占比重与变化情况

地区	2013年		2014年		增长率	
	民办（%）	公办（%）	民办（%）	公办（%）	民办（%）	公办（%）
全省	13.99	86.01	14.92	85.08	0.93	-0.93
珠江三角洲	21.41	78.59	22.35	77.65	0.94	-0.94
东翼	11.74	88.26	11.06	88.94	-0.68	0.68
西翼	5.42	94.58	8.43	91.57	3.01	-3.01
山区	6.67	93.33	7.30	92.70	0.63	-0.63

二、高中阶段教育教师队伍发展情况

1. 全省普通高中专任教师人数有所增加，东翼师资增长较快；全省生师比有所下降

2014 年，广东省普通高中专任教师总数为 14.84 万人，比上年增长 2.56%。分区域看，山区比上年降低 0.37%；东翼地区比上年增长 6.67%，增幅最大。如表 4-4 所示。

全省共有 16 个市专任教师人数比上年有所增加，其中，深圳、汕头、揭阳市的增幅均在 4.00% 以上，揭阳的增幅最大，达到 13.93%。

表4-4　2013年、2014年广东省及分区域普通高中教师配置情况

单位：万人

地区	专任教师人数			生师比		
	2013 年	2014 年	增长（%）	2013 年	2014 年	降低
全省	14.47	14.84	2.56	15.23	14.43	0.80
珠江三角洲	5.98	6.11	2.17	13.86	13.52	0.34
东翼	2.85	3.04	6.67	17.36	15.50	1.86
西翼	2.90	2.96	2.07	16.54	15.62	0.912
山区	2.74	2.73	–0.37	14.59	13.96	0.63

2014 年，广东省普通高中生师比为 14.43:1，比上年减少 0.80。分区域看，西翼地区生师比最高为 15.62:1，珠江三角洲地区最低为 13.52:1。与 2013 年相比，全省各个区域生师比都得到了不同的改善。生师比改善程度最大的是东翼地区，下降了 1.86。（分地市普通高中专任教师配备情况详见附录表 3–4）

2. 普通高中专任教师学历合格率进一步提高

2014 年，广东省普通高中专任教师学历合格率（本科及以上学历教师比例）为 97.82%，比 2013 年提高 1.70%。分区域看，珠江三角洲地区高中专任教师的学历合格率仍最高，为 99.25%。东翼地区最低为 95.83%。与 2013 年相比，山区提升最大，增幅达 3.31%。如图 4–3 所示。

2014 年普通高中专任教师学历合格率普遍增高，其中提高最快的 2 个市分别为梅州和潮州，达到 7.00%。

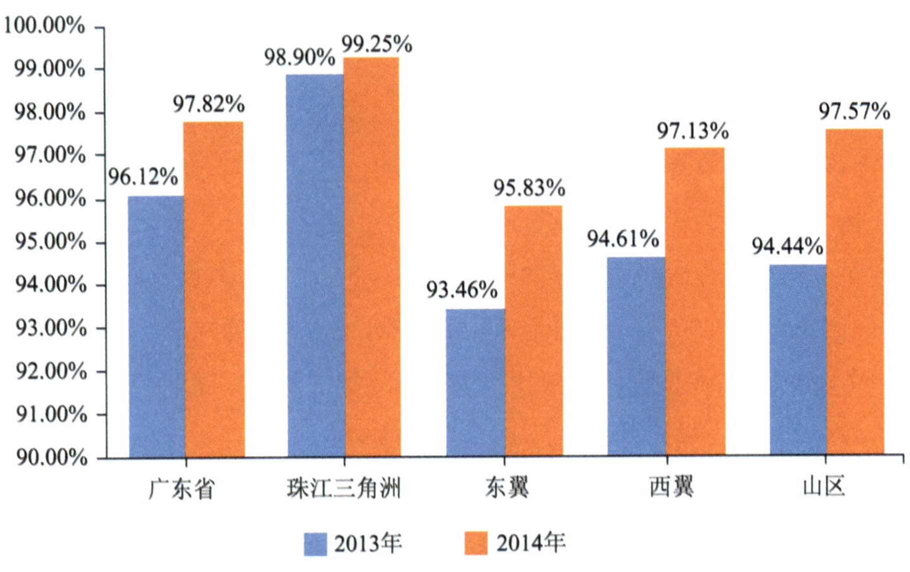

图4-3　2013年、2014年广东省普通高中专任教师学历合格率变化

3. 普通高中专任教师以校级培训和一个月以内的短期培训为主，人均培训次数西翼地区最少

2014年，广东省普通高中专任教师共参加培训49.33万人次，专任教师人均参加培训3.32次。分区域看，珠江三角洲地区专任教师共参加培训次数最多，为26.84万人次，人均参加培训4.40次；西翼地区专任教师共参加培训5.60万人次，人均参加培训机会最低为1.89次。如图4-4所示。

单位：次数

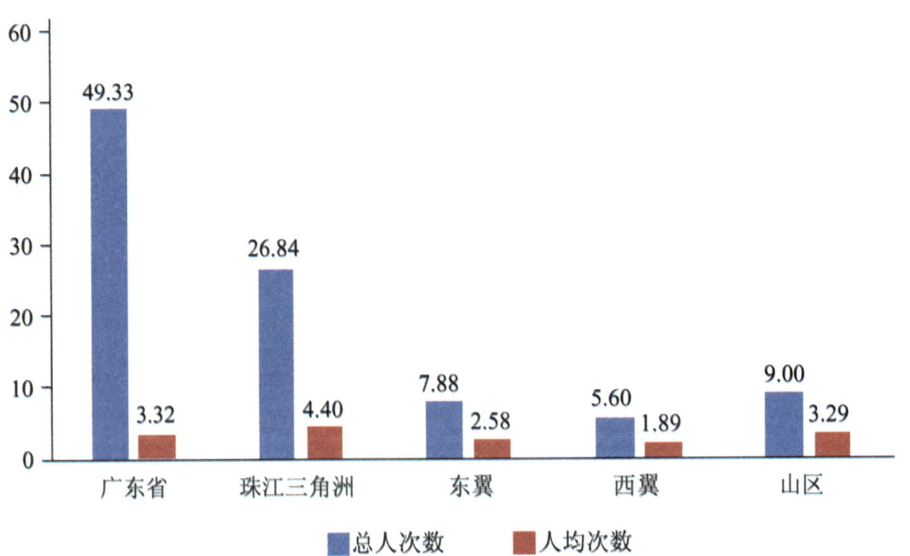

图4-4　2014年广东省普通高中专任教师参加培训情况

2014 年，广东省普通高中专任教师培训以校级培训为主，占 44%。其他分别为地市级培训 21.43%、县级培训 19.92%、省级培训 13.85%、国家级培训 0.76%。其中在地方组织的各级培训中，校级培训比例最高的是珠江三角洲地区，为 50.31%；县级培训比例最高的是西翼地区，为 34.40%；地市级培训比例最高的是东翼地区，占 25.35%；省级培训比例最高的是东翼，为 22.72%。在接受国家组织的培训方面，比例最高的是西翼，为 1.29%。如图 4–5 所示。

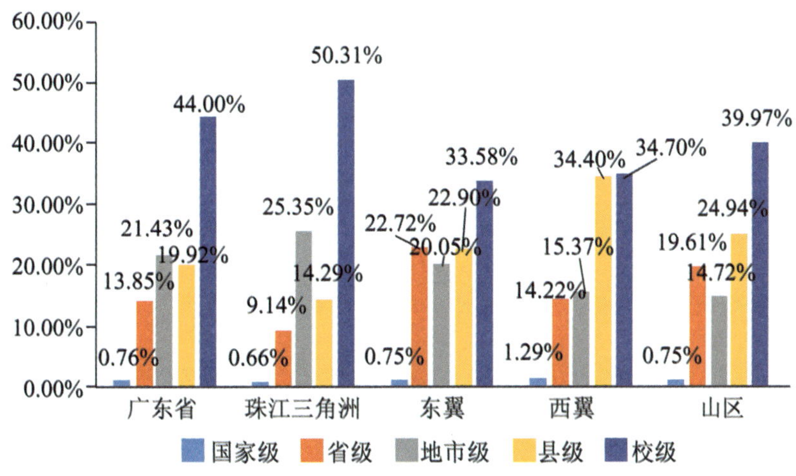

图4–5 2014年广东省普通高中专任教师国内培训的层次构成

从培训时间分布看，2014 年广东省普通高中专任教师培训以 1 个月以内的培训为主，占 71.78%，其次分别为 1 个月至 3 个月以内的占 16.95%、3 个月至半年的占 5.05%、半年至 1 年以内的占 3.31%、1 年及以上的占 2.90%。分区域看，各区域一个月以内培训的比例均相对较高。如表 4–5 所示。

表4–5 2014年广东省普通高中专任教师培训的时间占比

地区	1 个月以内占比（%）	1 至 3 个月占比（%）	3 个月至半年占比（%）	半年至 1 年占比（%）	1 年及以上占比（%）
广东省	71.78	16.95	5.05	3.31	2.90
珠江三角洲	68.36	18.20	7.53	4.31	1.60
东翼	77.24	13.75	2.42	2.88	3.71
西翼	83.45	14.04	0.84	1.16	0.50
山区	70.22	17.87	2.29	2.04	7.59

4．中等职业学校生师比略有下降，但专任教师数仍跟不上发展需要

2014 年，广东省中等职业学校专任教师为 45 216 人，比上年减少 227 人，减少 0.50 %。从区域看，仅珠江三角洲地区、东翼地区增长，增幅分别为 0.58%、2.84%；其他地区专任教师数略有下降，分别为西翼下降 1.77%、山区下降 5.35%。

2014 年，广东省中等职业学校生师比下降到 28.36:1，比上年下降了 2.56，与教育部《中等职业学校设置标准》规定的 20:1 相比仍有较大差距。分区域看，东翼地区生师比最高，为 49.07:1；西翼地区为 28.90:1；山区为 26.28:1；珠江三角洲地区相对较低，为 24.32:1。如图 4–6 所示。

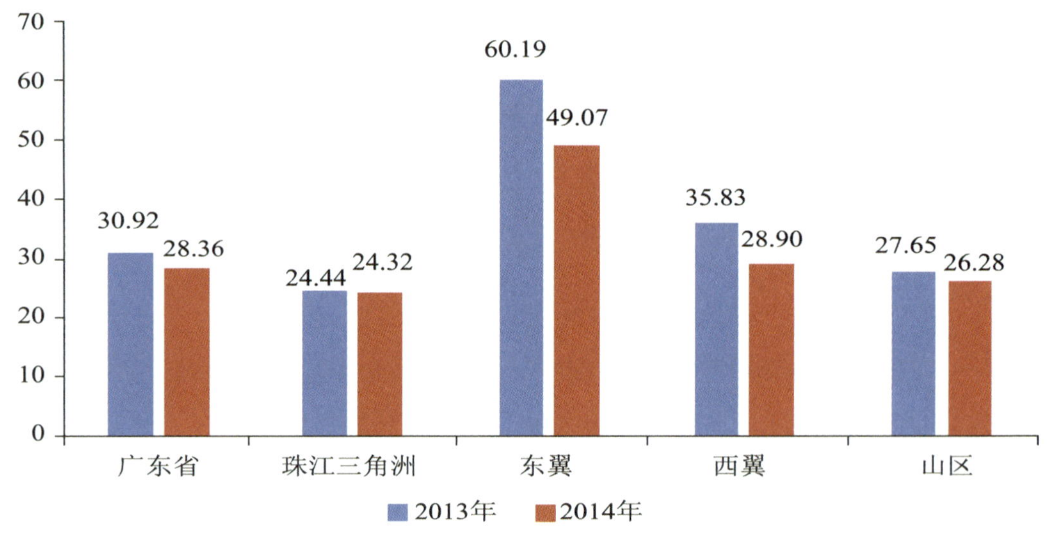

图4–6　2013年、2014年广东省及分区域中职生师比

分地区看，2014 年，珠江三角洲地区的深圳、中山、佛山 3 市的中职学校生师比低于 20:1，另外山区地区的韶关市的中职学校生师比为 16.78:1 低于标准的 20:1。全省有 7 个市的生师比超过 30:1，其中有揭阳、汕头、汕尾等。（分地市中等职业学校（机构）教师配备情况，详见附录表 3–5）

5．中等职业学校双师型教师比例进一步提高，基本达到中职学校双师型教师比例的标准

2014 年，广东省中职学校双师型教师比例为 39.41%，比上年提高了 2.98%，且达到了《中等职业学校设置标准》提出的双师型教师不低于 30% 的标准。分区域来看，各区域双师型教师比例均比上年有所提升，东翼地区这一比例最高，为 41.92%，比

上年提高 8.11%。西翼地区这一比例最低，为 32.57%，比上年提高 0.88%。如图 4-7 所示。

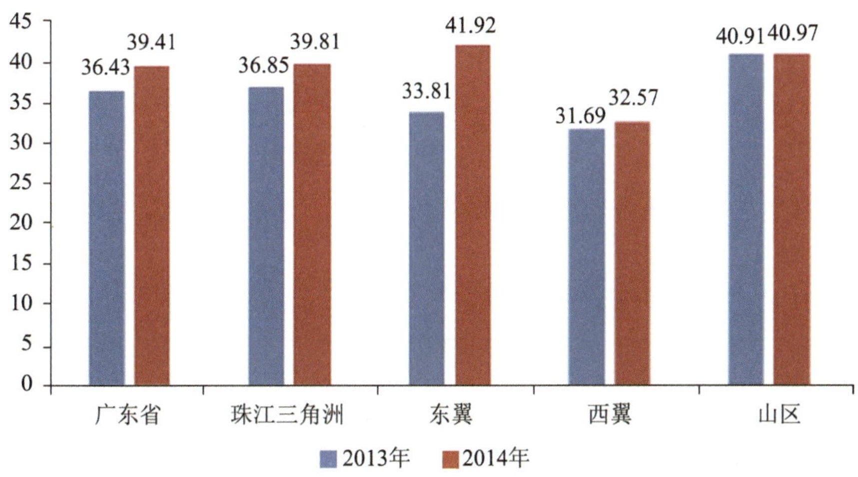

图4-7　2013年、2014年广东省及分区域中职双师型教师比例

分地市看，仅东翼地区的汕尾、西翼的湛江、山区的云浮 3 市低于 30%。如表 4-6 所示。

表4-6　2014年广东省中职学校双师型教师比例地区分布情况

分档	珠江三角洲	东翼	西翼	山区
>30%	广州、深圳、珠海、佛山、惠州、东莞、中山、江门、肇庆	汕头、潮州、揭阳	阳江、茂名	梅州、河源、韶关、清远
>25% 且≤ 30%				云浮
>20% 且≤ 25%			湛江	
>15% 且≤ 20%		汕尾		

6．**中等职业学校专业课教师参加培训的比例最高，专任教师培训以校级培训和内短期培训为主**

2014 年，广东省中职学校专业课教师参加培训 63 040 人次，所占比重最高为

60.70%；文化课教师参加培训 33 414 人次，占 32.17%；担任实习指导课专任教师接受 7400 人次培训，占 7.13%。分区域来看，东翼地区文化课教师参加培训的比重最高，为 37.22%；珠江三角洲地区专业课教师参加培训的比重最高，为 61.27%；珠江三角洲地区实习指导课教师参加培训的比重最高，为 8.11%。

2014 年，广东省中等职业学校专任教师培训中，校级培训所占比重最大，为 52.53%；国家级培训所占比重最少，为 1.80%。分区域看，各地区均以校级培训为主，其他类型培训所占比例稍有差别。如表 4–7 所示。

表4–7 2014年广东省分区域中等职业学校专任教师接受各级培训占比情况

地区	国内培训占比（%）						国（境）外培训占比（%）
	国家级	省级	地市级	县级	校级	合计	
广东省	1.80	9.00	24.15	12.20	52.53	99.84	0.16
珠江三角洲	2.06	8.10	25.70	6.43	57.35	99.82	0.18
东翼	0.25	7.16	28.93	24.40	39.27	100.00	0.00
西翼	2.28	13.77	19.05	24.96	39.93	100.00	0.00
山区	1.30	12.99	13.58	28.97	42.63	99.73	0.27

2014 年，中等职业学校专任教师培训中，1 个月以内的短期培训所占比最大，为 86.14%，其次是 1 个月至 3 个月，为 9.35%，3 个月至半年占比为 2.38%，半年至 1 年占比为 1.19%，1 年及以上占比重最少，为 0.93%。分区域看，各地区均以 1 个月以内的培训为主，其他培训时间所占比例稍有差别。如表 4–8 所示。

表4–8 2014年广东省分区域中等职业学校专任教师参加培训时间占比

地区	1 个月以内占比（%）	1 至 3 个月占比（%）	3 个月至半年占比（%）	半年至 1 年占比（%）	1 年及以上占比（%）
广东省	86.14	9.35	2.38	1.19	0.93
珠江三角洲	86.98	9.13	2.58	0.85	0.54
东翼	79.77	11.31	1.47	3.72	3.73
西翼	81.08	11.54	3.17	1.62	2.60
山区	89.87	7.35	1.57	1.01	0.20

三、普通高中办学条件变化情况

（一）学校校舍、占地面积

1. 普通高中校舍建筑面积总体以及各区域生均校舍建筑面积比上年有所增长

2014 年广东省普通高中生均校舍建筑面积为 21.82 平方米，比上年增加 1.94 平方米。

分区域看，珠江三角洲地区普通高中生均校舍建筑面积最高，达到 27.98 平方米，比上年增加 1.7 平方米；西翼地区增长最快，比上年增长 14.69%，为 18.74 平方米；山区比上年增加 1.67 平方米，为 19.27 平方米；而东翼地区最低，为 16.13 平方米。如表 4–9 所示。

分地市看，深圳、东莞和中山 3 个市的生均校舍面积超过 30 平方米；潮州市最低，为 15.34 平方米，比上年增加 2.90 平方米。

表4–9 2013年、2014年广东省普通高中生均校舍建筑面积变化情况

地区	生均校舍建筑面积（平方米）		增长（平方米）	增长率（%）
	2013 年	2014 年		
广东省	19.88	21.82	1.94	9.76
珠江三角洲	26.28	27.98	1.70	6.47
东翼	14.42	16.13	1.71	11.86
西翼	16.34	18.74	2.40	14.69
山区	17.60	19.27	1.67	9.49

2. 普通高中实验室建设总体有所增加，但各区域生均实验室面积增长不明显

2014 年，广东省普通高中生均实验室面积为 1.30 平方米，比上年增加 0.11 平方米。

分区域看，珠江三角洲地区普通高中生均实验室面积最高，为 1.77 平方米；西翼地区增长较快，为 0.94 平方米，比上年增加 0.19 平方米。如图 4–8 所示。

分地市看，广州和佛山两市的生均实验室面积超过 2.0 平方米，东莞和惠州 2 个市的生均实验室面积比上年有所减少。

单位：平方米

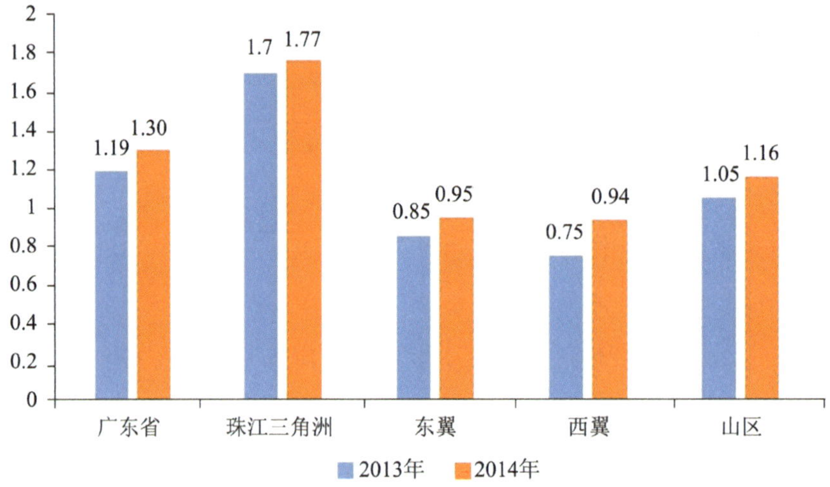

图4-8　2013年、2014年广东省普通高中生均实验室面积变化情况

3. 普通高中运动场地面积总体有所增加，各区域生均运动场地面积增长差异较大

2014 年，广东省普通高中生均运动场地面积为 10.01 平方米，比上年增加 1.42 平方米。

分区域看，山区地区普通高中生均运动场地面积最高，为 12.3 平方米，比上年增加 2.9 平方米；东翼地区最少，为 7.21 平方米，比上年增加 1.16 平方米。如图 4-9 所示。

分地市看，汕头、汕尾和揭阳三市普通高中的生均运动场地面积不足 8 平方米。

单位：平方米

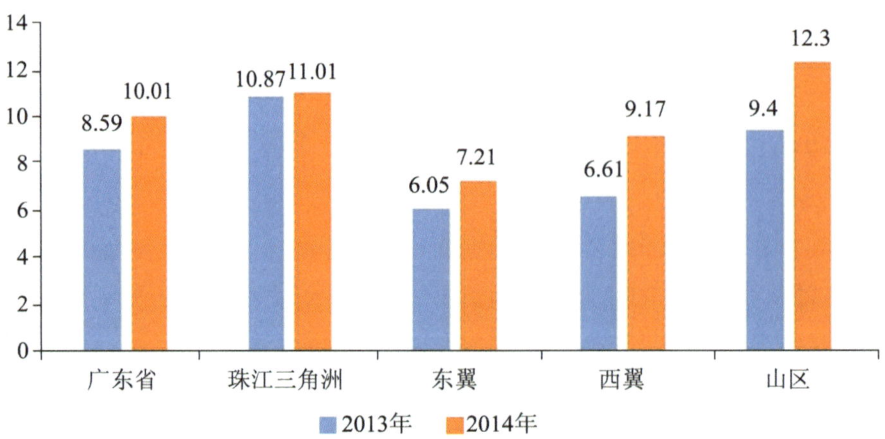

图4-9 2013年、2014年广东省普通高中生均运动场地面积变化情况

（二）学校图书、教学仪器配备

1. 普通高中图书总数呈增长趋势，各区域生均图书数量差异不明显

2014 年，广东省普通高中图书总数为 10 737.43 万册，比上年增长 8.85%；生均图书数为 50.17 册，比上年增加了 5.42 册，增幅为 12.11%。

分区域看，东翼地区生均图书数增长最快，比上年增长 29.02%，增幅为 10.69 册；珠江三角洲地区生均图书数增加最少，比上年增长 3.19%。如表 4–10 所示。

分地市看，除中山、肇庆 2 个市有所下降外，其他市的普通高中生均图书数均有不同程度的增长，其中，广州市达 74.19 册 / 生。

表4–10 2013年、2014年广东省普通高中图书总数和生均图书数变化情况

地区	总数（万册）		增长率（%）	生均（册）		增长率（%）
	2013 年	2014 年		2013 年	2014 年	
广东省	9 864.63	10 737.43	8.85	44.75	50.17	12.11
珠江三角洲	4 371.40	4 490.00	2.71	52.70	54.38	3.19
东翼	1 823.48	2 237.94	22.73	36.84	47.53	29.02
西翼	1 944.92	2 100.19	7.98	40.47	45.45	12.31
山区	1 724.84	1 909.30	10.69	43.17	50.03	15.89

2. 普通高中仪器设备资产总值有所增长，东翼地区普通高中生均仪器设备资产值增长最快

2014 年，广东省普通高中仪器设备资产总值为 850 394 万元（分地市普通高中仪器设备配备情况详见附录表 3–6）。生均仪器设备资产值达到 3 973.45 元，比上年增长 28.88%。

分区域看，珠江三角洲地区生均仪器设备资产值增长最快，比上年增长 29.81%，增幅为 1500.4 元；东翼地区比上年增长 28.49%，增加 572.73 元；山区比上年增长 27.46%，增加 542.52 元；西翼地区的生均仪器设备资产值增长较慢，比上年增长 15.79%。如图 4–10 所示。

分地市看，除东莞市有所下降外，其他地市的普通高中生均仪器设备资产值均呈增长趋势。其中，广州市普通高中生均仪器设备资产值最高，为 6 774.09 元。

单位：元

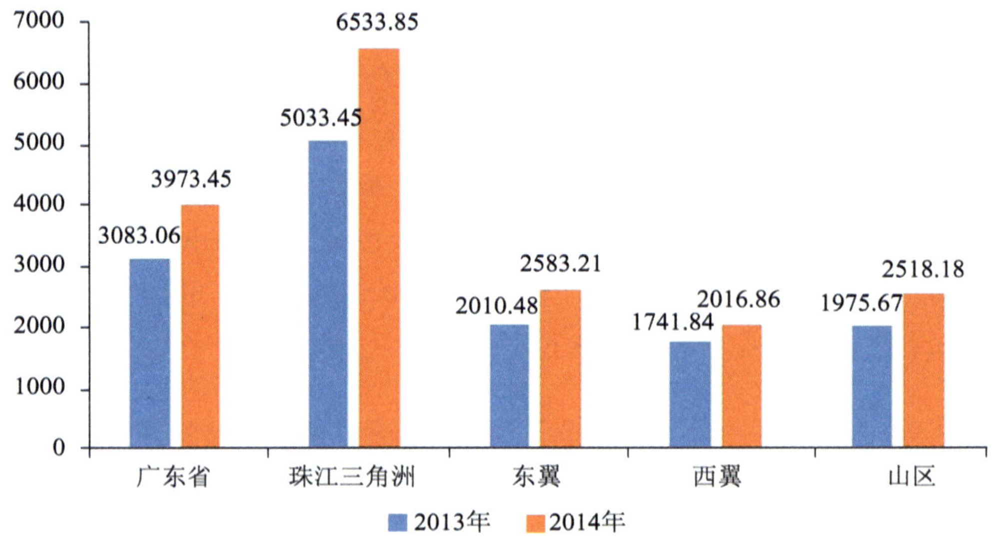

图4-10 2013年、2014年广东省普通高中生均仪器设备资产值变化情况

（三）学校信息化建设

1．普通高中每百名学生拥有的教学用计算机台数继续增加，但各市差异较大

2014 年，广东省普通高中每百名学生拥有教学用计算机台数为 19.14 台，比上年增加 3.78 台，增长 24.61%。分区域看，珠江三角洲地区最高，每百名学生拥有教学用计算机为 25.68 台，比上年增加 1.91 台，增长 8.04%；西翼地区最低，为 14.64 台，比上年增加 5.31 台。如图 4-11 所示。

分地市看，各市间差距较大，汕头、汕尾、韶关、河源、清远、湛江、茂名 7 个市每百名学生拥有教学用计算机不足 15 台，而广州市和深圳市则超过 30 台。（详见附录表 3-7）

单位：台

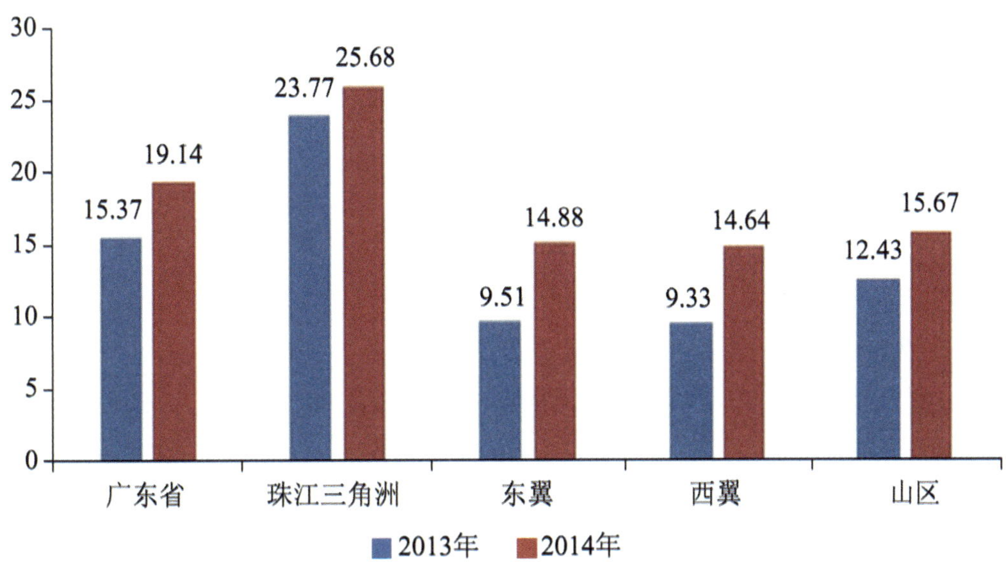

图4-11　2013年、2014年广东省普通高中每百名学生拥有教学用计算机台数

2．普通高中生均电子图书数增长明显，西翼地区增幅较大

2014 年，广东省普通高中生均电子图书增长较慢，比上年增长 0.84%，为 1.2GB。分区域看，珠江三角洲地区生均电子图书最高，达到 1.72GB，比上年降低 22.17%；东翼和西翼地区增长尤为明显，比上年分别增长了 15%、67.35%，西翼地区已超过省平均值，为 1.64GB；山区地区比上年增长 18.18%。如表 4-11 所示。

分地市看，全省 21 个市中有 11 个市的生均电子图书不足 1GB，其中，珠海市普通高中生均电子图书最多，为 12.88GB。（详见附录表 3-7）

表4-11　2013年、2014年广东省普通高中生均电子图书变化情况

地区	生均电子图书（GB/ 生）		增长率（%）	区域排名前三的地市
	2013 年	2014 年		
广东省	1.19	1.20	0.84	珠海、中山、潮州
珠江三角洲	2.21	1.72	-22.17	珠海、中山、广州
东翼	0.60	0.69	15.00	潮州、汕尾、汕头
西翼	0.98	1.64	67.35	湛江、茂名、阳江
山区	0.11	0.13	18.18	梅州、河源、云浮

3. 普通高中每百名专任教师接受信息化培训次数逐渐增加，山区增长最快

2014年，广东省普通高中每百名专任教师接受信息化培训次数为98.68人次，比上年增长7.48%。

分区域看，山区地区普通高中每百名专任教师信息化培训次数增长最多，为101.21人次，比上年增长13.12%；其次为珠江三角洲地区，比上年增长12.39%，为115.02人次；西翼地区为83.35人次，比上年增长3.05%；而东翼地区比上年下降5.53%，为78.51人次。如表4-12所示。

从各地市来看，各市之间差异较大，潮州、揭阳、湛江、阳江、河源、东莞、珠海7个市普通高中的每百名专任教师接受信息化培训的的次数不足80人次；而广州、深圳、梅州、江门、肇庆、清远、云浮7个市均高出平均水平，其中深圳市最高，为133.37人次。

表4-12　2013年、2014年广东省普通高中每百名专任教师接受信息化培训情况

地区	培训次数（人次）		增长率（%）
	2013年	2014年	
广东省	91.81	98.68	7.48
珠江三角洲	102.34	115.02	12.39
东翼	83.11	78.51	–5.53
西翼	80.88	83.35	3.05
山区	89.47	101.21	13.12

四、中等职业学校办学条件变化情况

1. 中等职业学校生均校舍建筑面积总体有所增长，区域间差距进一步缩小

从总体上来看，中等职业学校生均校舍建筑面积比上年提高1.26平方米，增幅为10.44%。2014年的中职学校生均校舍建筑面积为13.33平方米，与《中等职业学校设置标准》要求的生均20平方米相比，仍未达标。

分区域看，与2013年相比，各区域中等职业学校的生均校舍建筑面积均有所增长，区域间存在的差距进一步缩小。其中，西翼地区比上年增长24.23%。如图4-12所示。

单位：平方米

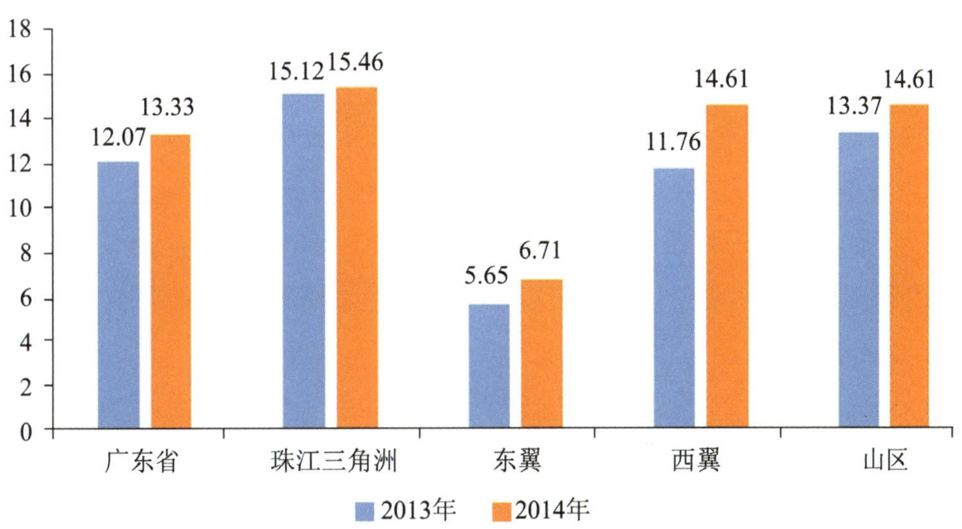

图4-12　2013年、2014年广东省中等职业学校生均校舍建筑面积变化情况

分地市看，2014 年有 8 个市的中等职业学校生均校舍建筑面积比去年有所增加，其中，韶关市、茂名市和阳江市均增加 4 平方米以上。深圳市、中山市、云浮市的中等职业学校生均校舍建筑面积比上年有所减少。（详见附录表 3-8）

2014 年珠江三角洲地区中等职业学校的生均校舍面积平均值为 15.46 平方米，西翼和山区总体处于中上水平，东翼四市以及山区的云浮市的中等职业学校的生均校舍面积平均值低于 10 平方米。如表 4-13 所示。

表4-13　2014年广东省各地区中等职业学校生均校舍建筑面积

单位：平方米

分档	珠江三角洲	东翼	西翼	山区
平均	15.46	6.71	14.61	14.61
>15	深圳、佛山、东莞、中山、江门		阳江、茂名	韶关
10~15	广州、珠海、惠州、肇庆		湛江	梅州、清远、河源
<10		潮州、揭阳、汕头、汕尾		云浮

2. 全省各地区中等职业学校教学、实习仪器设备资产值总体有所增加，生均教学、实习仪器设备资产值存在差距。

2014 年广东省各地市中等职业学校的教学、实习仪器设备资产值比上年增加

55 350 万元，总数达 954 658 万元。分区域看，2014 年珠江三角洲地区中职学校仪器设备资产值最高，比上年增加 37 736 万元，总数为 742 365 万元；东翼地区中职学校仪器设备资产值最低，比上年增加 6257 万元，总数为 53 408 万元。

从生均教学、实习仪器设备资产值来看，2014 年全省中等职业学校生均教学、实习仪器设备资产值为 7445.44 元，同比增长了 1062.39 元。分区域看，山区中等职业学校生均教学、实习仪器设备资产值增幅最大，比上年增长了 42.29%。珠江三角洲地区中等职业学校生均教学、实习仪器设备资产值增幅最小，比上年增长了 5.27%。如图 4–13 所示。

单位：元

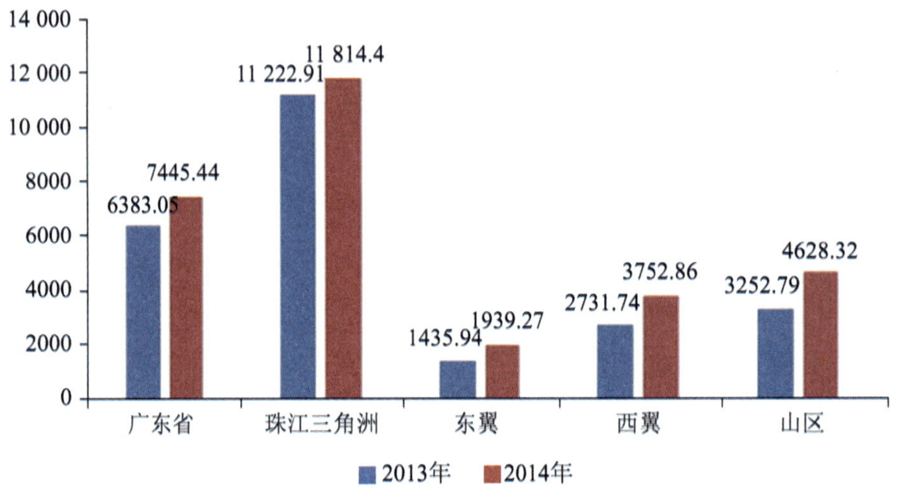

图4–13 2013年、2014年广东省各地区生均教学、实习仪器设备资产值变化情况

分地市看，2014 年全省除深圳市略有降低外，其他地市的中等职业学校生均教学、实习仪器设备资产值均有不同程度的增加。（详见附录表 3–8）

3. 每百名中等职业学校学生拥有教学用计算机台数继续增长，但各市差距较大

2014 年，广东省中职学校每百名学生拥有教学用计算机 21.09 台，比去年增长 2.85 台，增长率为 15.63%。

分区域看，山区每百名中职学生拥有的教学用计算机增加了 4.94 台，西翼地区每百名中职学生拥有的教学用计算机增加了 4.60 台，东翼地区每百名中职学生拥有的教学用计算机最少，增加了 3.58 台，仅为 10.37 台。《中等职业学校设置标准》要求“学校计算机拥有数量不少于每百生 15 台”，除东翼地区外，珠江三角洲地区、西翼和山区都已不同程度地超过《中等职业学校设置标准》中的要求。如图 4–14

所示。

单位：台

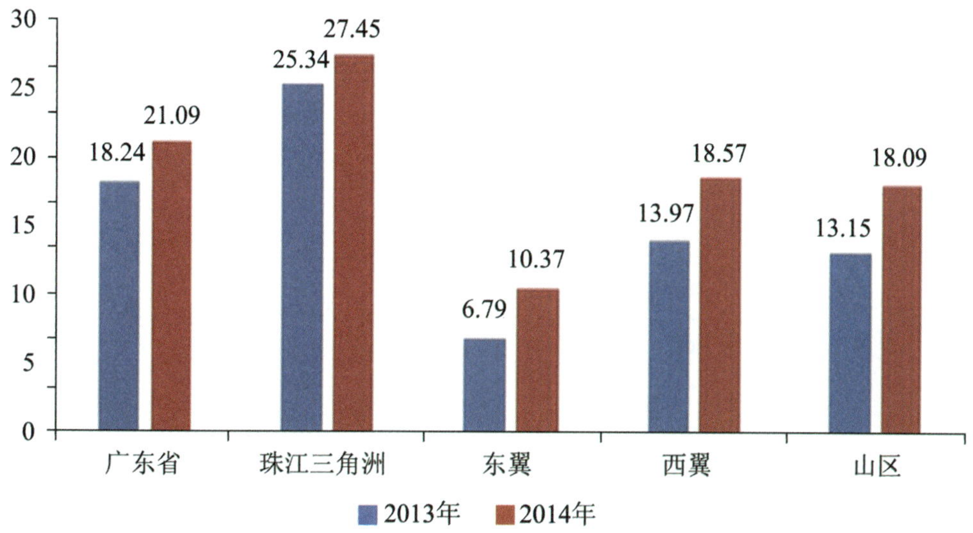

图4-14　2013年、2014年广东省各地区中职学校每百名学生拥有教学用计算机台数

分地市看，2014 年全省除中山市外，其余各地市中职学校每百名学生拥有教学用计算机台数均有所增加，其中潮州市、韶关市、汕头市、湛江市平均每百名学生中，拥有教学用计算机的数量同比增加 5 台以上。（详见附录表 3-9）

在每百名学生拥有的教学用计算机台数总体增加的情况下，广东省各地市之间也存在差异，其中，茂名市、潮州市、广州市等 11 市每百名学生拥有的教学用计算机台数超过了 20 台，而揭阳市尚不足 10 台。如表 4-14 所示。

表4-14　2014年各地区中职学校每百名学生拥有教学用计算机台数

单位：台

分档	珠江三角洲	东翼	西翼	山区
平均	27.45	10.37	18.57	18.09
>20	广州、江门、佛山、东莞、中山、深圳、珠海、肇庆	潮州	茂名	韶关
>15 且≤ 20	惠州		湛江	梅州、清远
>10 且≤ 15		汕头、汕尾	阳江	云浮、河源
≤ 10		揭阳		

4. 每百名学生拥有网络信息点数有所增加，地区间存在差距

2014 年，广东省中等职业学校每百名学生拥有网络信息点数为 19.42 个，比 2013 年增加 4.09 个。

分区域看，珠江三角洲地区最多，为 27.60 个，东翼地区最少，为 4.46 个。与上年相比，各地区均有所增加，东翼、西翼、山区分别增加 1.20 个、3.44 个、1.24 个，其中珠江三角洲地区增加额最大，为 5.31 个。如图 4–15 所示。

单位：个

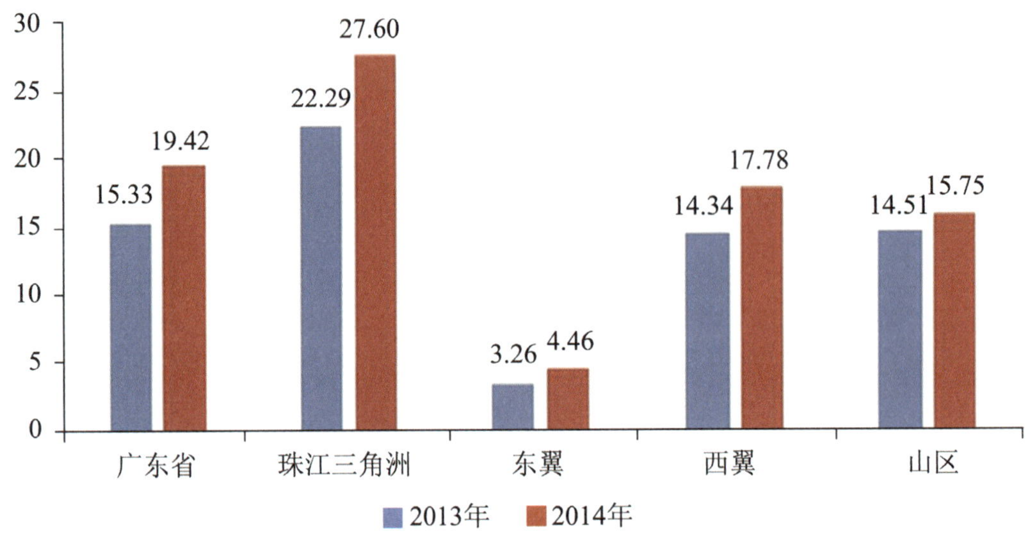

图4–15 2013年、2014年广东省中职学校每百名学生拥有网络信息点数变化情况

分区域看，各地区间存在的差距较为明显，珠江三角洲地区各市每百名学生拥有网络信息点数均大于 10 个，而东翼、西翼和山区大部分地市每百名学生拥有网络信息点数小于或等于 10。如表 4–15 所示。

表4–15 2014年各地区中职学校每百名学生拥有网络信息点数分布表

单位：个

分档	珠江三角洲	东翼	西翼	山区
平均	27.60	4.46	17.78	15.75
>20	广州、中山、佛山、东莞、珠海、深圳、		湛江	韶关、河源
>15 且≤ 20	惠州			
>10 且≤ 15	江门、肇庆		茂名	清远
≤ 10		揭阳、汕尾、潮州、汕头	阳江	云浮、梅州

分地市看，除梅州、江门和阳江外，2014 年全省中职学校每百名学生拥有网络信息点数均有所增加，其中深圳市增长 38.40 个，中职学生每百名拥有网络信息点数已达 68.97 个。（详见附录表 3–10）

第五部分　高等教育

2014 年，依据《国家教育规划纲要》和《省教育规划纲要》提出的提升高等教育发展水平的战略要求，高等教育规模继续扩大，本专研招生和在校生结构保持稳定，教师队伍素质和办学条件得到稳步提升。但全省高校专任教师配置仍然趋紧，教师队伍素质仍有待提升，公、民办高校办学条件差异较大。

一、高等教育规模发展与结构调整情况

1. 高等教育招生规模继续增长，研究生招生增幅比上年略有下降，普通本、专科招生增幅略有增加

2014 年，全省共招收研究生 29 685 人（其中博士生 3551 人，硕士生 26 134 人），较上年增长了 3.40%，增幅与上年相比略有下降。普通本专科招生 545 132 人，比上年增长了 3.64%，增幅比上年提高了 0.63%。

分办学性质看，2014 年我省公办院校中本专科招生数比去年增长了 1.26%，民办院校中 普通本专科招生数比 2013 年增长了 8.68%。一般本科院校增长率明显上涨，其民办性质院校中本专科招生数比增幅高达 14.26%；高职（专科）院校中，公办性质院校本专科招生数比 2013 年下降了 2.08%。如表 5–1 所示。（广东省各高等院校

表5–1　2014年广东省普通高校分办学性质本专科研究生招生人数情况

单位：人

院校类别	院校性质	2013 年		2014 年		增长率（%）	
		本专科	研究生	本专科	研究生	本专科	研究生
一般本科院校	公办	184 386	28 710	192 484	29 685	4.39	3.40
	民办	92 237	—	105 390	—	14.26	—
高职（专科）院校	公办	173 169	—	169 574	—	–2.08	—
	民办	76 209	—	77 684	—	1.94	—
全省合计	公办	357 555	28 710	362 058	29 685	1.26	3.40
	民办	168 446	—	183 074	—	8.68	—

研究生、本专科生招生规模发展情况详见附录表 4–1 和附录表 4–2)

分高校级别（部级、省级、地级）来看，2014 年我省部级、省级普通本专科招生人数比 2013 年有所增加，地级普通本专科招生人数略有下降。其中，省级一般本科院校本专科招生数比 2013 年增长了 13.58%；地级一般本科院校本专科招生数下降了 13.04%，而研究生招生数上升了 5.34%。如表 5–2 所示。

表5–2　2014年广东省普通高校分层次本专科研究生招生人数情况

单位：人

院校类别	院校层次	2013 年		2014 年		增长（%）	
		本专科	研究生	本专科	研究生	本专科	研究生
一般本科院校	部级	19 235	13 467	19 716	13 874	2.50	3.02
	省级	204 132	11 983	231 846	12 377	13.58	3.29
	地级	53 256	3260	46 312	3434	–13.04	5.34
高职（专科）院校	部级	3705	—	3853	—	3.99	—
	省级	162 998	—	157 825	—	–3.17	—
	地级	82 675	—	85 580	—	3.51	—
全省合计	部级	22 940	13 467	23 569	13 874	2.74	3.02
	省级	367 130	11 983	389 671	12 377	6.14	3.29
	地级	135 931	3260	131 892	3434	–2.97	5.34

2014 年，全省普通本专科招生数比上一年增长 3.64%，增幅比去年提高了 0.64%，普通本科与专科招生之比与去年相同为 49:51。

2014 年我省各地区普通本专科招收外地生源（不含港澳台侨）达 54 361 人，招收外地生源占招生总数的比例为 10.02%。我省外地生源主要集中于一般本科院校，占该类人数的 14.78%。如表 5–3 所示。

表5-3 2014年广东省普通高校本专科招生来源情况

院校类别	人数（人）		占比（%）	
	本地生源	外地生源	本地生源	外地生源
一般本科院校	251 554	43 613	85.22	14.78
高职（专科）院校	236 452	10 748	95.65	4.35
全省合计	488 006	54 361	89.98	10.02

2．在校研究生、本专科学生规模较上年相比均有增长

2014 年，我省各种形式高等教育在校生总规模达到 2 590 755 人，普通高校（不包括成人教育和网络教育）在校生规模为 1 880 488 人，与 2013 年相比，增长了 9.99%。其中，2014 年，我省普通高校高等教育毛入学率达 31.88%，与 2010 年相比，上升了 3.88%，已超过《广东省中长期教育改革和发展规划纲要（2010—2020）》中在 2012 年毛入学率达到 30% 的目标。如图 5-1 所示。

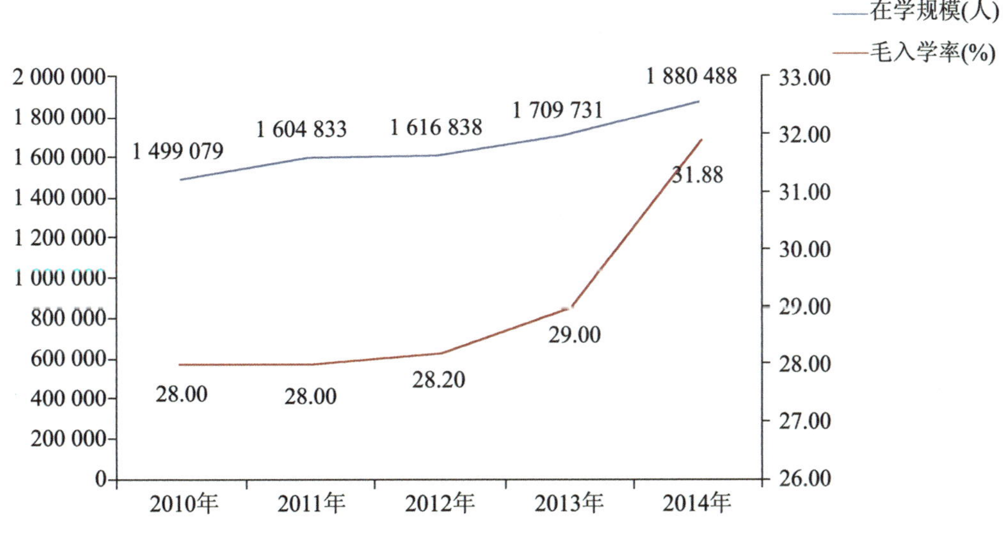

图5-1 2010—2014年广东省普通高校在校生规模及毛入学率变化

2014 年，全省普通高校在校研究生 86 300 人（其中博士 14 136 人，硕士生 72 164 人），比上年增长了 3.33%，其中，民办普通本专科和高职（专科）院校在校生数分别较上年增长了 13.04% 和 4.93%。如表 5-4 所示。

表5-4　2014年广东省普通高校分办学性质在校生人数情况

单位：人

院校类别	院校性质	2013年		2014年		增长（%）	
		本专科	研究生	本专科	研究生	本专科	研究生
一般本科院校	公办	696 154	83 522	721 102	86 300	3.58	3.33
	民办	323 199	—	365 357	—	13.04	—
高职（专科）院校	公办	485 462	—	492 701	—	1.49	—
	民办	204 916	—	215 028	—	4.93	—
全省合计	公办	1 181 616	83 522	1 213 803	86 300	2.72	3.33
	民办	528 115	—	580 385	—	9.90	—

分高校级别来看，较上年而言，我省部级、省级普通高校在校生人数均有增长，但地级本专科在校生人数略有下滑，表现为一般本科院校中省级本专科人数增长了11.55%，地级本专科人数却下降了11.39%。如表5-5所示。

表5-5　2014年广东省普通高校分层次本专科研究生在校生人数情况

单位：人

院校类别	院校层次	2013年		2014年		增长（%）	
		本专科	研究生	本专科	研究生	本专科	研究生
一般本科院校	部级	76 867	40 105	78 615	40 898	2.27	1.98
	省级	752 805	34 255	839 772	35 810	11.55	4.54
	地级	189 681	9162	168 072	9592	–11.39	4.69
高职（专科）院校	部级	10 829	—	11 391	—	5.19	—
	省级	448 860	—	455 467	—	1.47	—
	地级	230 689	—	240 871	—	4.41	—
全省合计	部级	87 696	40 105	90 006	40 898	2.63	1.98
	省级	1 201 665	34 255	1 295 239	35 810	7.79	4.54
	地级	420 370	9162	408 943	9592	–2.72	4.69

3．毕业研究生增幅较上年有所上升，本专科毕业生规模增加

2014年，全省普通高校毕业研究生25 457人（其中博士毕业生2830人，硕士毕业生22 627人），较上年增长了6.51%；全省普通本专科毕业生440 952人，比上年增长了6.95%。

2015 年，预计全省毕业研究生 33 281 人（其中博士毕业生 6837 人，硕士毕业生 26 444 人），比 2014 年增加 7824 人；预计本专科毕业生 493 346 人，比上年增加 52 394 人。（广东省各高等院校研究生和普通本专科毕业生增长情况详见附录表 4–3）

表 5–6 2014年广东省普通高校分层次研究生和普通本专科毕业生规模及变化情况

单位：人

院校层次	学生类型	一般本科院校			高职（专科）院校			全省合计		
		2013 年	2014 年	增长（%）	2013 年	2014 年	增长（%）	2013 年	2014 年	增长（%）
部级	研究生	11 631	12 093	3.97	—	—	—	11 631	12 093	3.97
	普通本专科生	17 377	17 538	0.93	3390	3153	–6.99	20 767	20 691	–0.37
省级	研究生	9836	10 394	5.67	—	—	—	9836	10 394	5.67
	普通本专科生	170 058	193 205	13.61	113 762	117 039	2.88	283 820	310 244	9.31
地级	研究生	2435	2970	21.97	—	—	—	2435	2970	21.97
	普通本专科生	46 093	37 995	–17.57	61 635	72 022	16.85	107 728	110 017	2.12

表5–7 2014年广东省普通高校分办学性质研究生和普通本专科毕业生规模及变化情况

单位：人

院校性质	学生类型	一般本科院校			高职（专科）院校			全省合计		
		2013 年	2014 年	增长（%）	2013 年	2014 年	增长（%）	2013 年	2014 年	增长（%）
公办	研究生	23 902	25 457	6.51	—	—	—	23 902	25 457	6.51
	普通本专科生	166 029	170 374	2.62	127 296	146 760	15.29	293 325	317 134	8.12
民办	研究生	—	—	—	—	—	—	—	—	—
	普通本专科生	67 499	78 364	16.10	51 491	45 454	–11.72	118 990	123 818	4.06

4．高等学校招生学科专业结构逐步优化，与经济社会的适应性进一步提高

2014 年，我省高等教育继续优化学科布局与调整专业结构，就本科层次而言，除个别学科招生人数较去年上涨明显外，科类结构构成变动较小。高职（专科）层次

的农林牧渔类、资源开发与测绘大类、材料与能源大类，招生所占比例涨幅较大；环保、气象与安全大类、法律大类、文化教育大类等专业，招生所占的比例有所减少。

2014 年，全省普通本科（分学科）共计招生 248 121 人，较去年增长了 3.73%。其中人数增幅大的学科为农学（12.02%）、法学（8.04%）和医学（6.76%），哲学招生数较去年下降了 4.38%。招生构成中除工学、法学、医学、农学有小幅度上涨外，其他学科均较去年略有下降。如表 5-8 所示。

表5-8　2014年广东省普通高校本科分学科招生人数及科类构成结构

科类	人数（人）			构成（%）		
	2013 年	2014 年	比上年增长（%）	2013 年	2014 年	比上年增减
哲学	137	131	-4.38	0.06	0.05	-0.01
经济学	23 186	23 376	0.82	9.67	9.42	-0.25
法学	10 578	11 428	8.04	4.42	4.61	0.19
教育学	7229	7270	0.57	3.02	2.93	-0.09
文学	30 093	30 599	1.68	12.58	12.33	-0.25
历史学	1204	1208	0.33	0.50	0.49	-0.01
理学	19 043	19 650	3.19	7.96	7.92	-0.04
工学	68 434	71 775	4.88	28.61	28.93	0.32
农学	3595	4027	12.02	1.50	1.62	0.12
医学	14 558	15 542	6.76	6.09	6.26	0.17
管理学	61 137	63 115	3.24	25.56	25.44	-0.12
全省合计	239 194	248 121	3.73	100.00	100.00	0.00

2014 年，广东省高职（专科）19 大类专业招生 277 927 人，比上年增加 9844 人。从全省来看，农林牧渔大类专业增长最快，增长率高达 25.23%；资源开发与测绘大类专业以 18.03% 的增长率紧随其后；材料与能源大类专业增长了 14.11%，位列第三名。而人数缩减最厉害的分别是环保、气象与安全大类（-14.56%）、法律大类（-13.93%）和文化教育大类（-7.16%）。各科类结构构成波动幅度极小。如表 5-9 所示。

表5-9　2014年广东省高职（专科）19大类专业招生人数及科类构成结构

科类	人数（人）			构成（%）		
	2013 年	2014 年	比上年增长（%）	2013 年	2014 年	比上年增减
农林牧渔大类	1752	2194	25.23	0.65	0.79	0.14
交通运输大类	9214	9219	0.05	3.44	3.32	–0.12
生化与药品大类	5435	5272	–3.00	2.03	1.90	–0.13
资源开发与测绘大类	771	910	18.03	0.29	0.33	0.04
材料与能源大类	1382	1577	14.11	0.52	0.57	0.05
土建大类	23 229	25 352	9.14	8.66	9.12	0.46
水利大类	448	460	2.68	0.17	0.17	0.00
制造大类	28 698	30 897	7.66	10.70	11.12	0.42
电子信息大类	34 340	36 877	7.39	12.81	13.27	0.46
环保、气象与安全大类	2191	1872	–14.56	0.82	0.67	–0.15
轻纺食品大类	6296	6654	5.69	2.35	2.39	0.04
财经大类	69 266	72 933	5.29	25.84	26.24	0.40
医药卫生大类	11 806	12 567	6.45	4.40	4.52	0.12
旅游大类	8160	8877	8.79	3.04	3.19	0.15
公共事业大类	5069	5772	13.87	1.89	2.08	0.19
文化教育大类	37 808	35 102	–7.16	14.10	12.63	–1.47
艺术设计传媒大类	19 626	19 161	–2.37	7.32	6.89	–0.43
公安大类	—	—	—	—	—	—
法律大类	2592	2231	–13.93	0.97	0.80	–0.17
全省合计	268 083	277 927	3.67	100.00	100.00	0.00

二、高等教育教师队伍发展情况

紧随我省落实《省教育规划纲要》和建设南方教育高地的步伐，全省高等教育教师队伍建设力度得到进一步加强，教师学历层次普遍提高，师资结构逐步优化。

2014 年，全省普通高校共有专任教师 95 193 人，其中本科院校 61 839 人，所占比例为 64.96%；高职（专科）院校 33 354 人，所占比例为 35.04%。其中，高级专业

技术职务和研究生学历层次教师所占比重最大的是本科公办院校，分别为 62.62% 和 56.83%。如表 5-10 和表 5-11 所示。

表5-10　2014年广东省普通高校分办学性质专任教师情况

项目	合计	一般本科院校			高职（专科）院校		
		合计	公办	民办	合计	公办	民办
规模（人）							
专任教师	95 193	61 839	45 692	16 147	33 354	23 397	9957
高级专业技术职务教师	36 021	27 672	22 555	5117	8349	6313	2036
研究生学历层次教师	64 444	47 600	36 626	10 974	16 844	13 227	3617
双师型教师	—	—	—	—	13 629	10 810	2819
所占比例（%）							
专任教师	100.00	64.96	48.00	16.96	35.04	24.58	10.46
高级专业技术职务教师	100.00	76.82	62.62	14.21	23.18	17.53	5.65
研究生学历层次教师	100.00	73.86	56.83	17.03	26.14	20.52	5.61
双师型教师	—	—	—	—	100.00	79.32	20.68

分层次来看，一般本科院校和高职（专科）院校的专任教师所占比重最突出的是省级高校，比例分别为 45.45% 和 22.52%。如表 5-11 所示。

表5-11　2014年广东省普通高校分层次专任教师情况

项目	合计	一般本科院校				高职（专科）院校			
		合计	部级	省级	地级	合计	部级	省级	地级
规模（人）									
专任教师	95 193	61 839	8132	43 266	10 441	33 354	514	21 436	11 404
高级专业技术职务教师	36 021	27 672	5173	17 688	4811	8349	132	5009	3208

续上表

项目	合计	一般本科院校				高职（专科）院校			
		合计	部级	省级	地级	合计	部级	省级	地级
研究生学历层次教师	64 444	47 600	7665	32 266	7669	16 844	348	10 319	6177
双师型教师	—	—	—	—	—	13 629	210	8420	4999
所占比例(%)									
专任教师	100.00	64.96	8.54	45.45	10.97	35.04	0.54	22.52	11.98
高级专业技术职务教师	100.00	76.82	14.36	49.10	13.36	23.18	0.37	13.91	8.91
研究生学历层次教师	100.00	73.86	11.89	50.07	11.90	26.14	0.54	16.01	9.59
双师型教师	—	—	—	—	—	100.00	1.54	61.78	36.68

1．高级专业技术职务教师总体比重增长缓慢，公办、民办高职（专科）院校差距扩大

2014 年，全省普通高校专任教师中专业技术职务教师比例为 37.84%，比上年提高了 0.04%；本科院校为 44.75%，比上年下降了 0.25%；高职（专科）院校为 25.03%，比上年下降了 0.27%。

与上年相比，全省部级高校高级专任教师中高级专业技术职务教师比例提高了 0.76%，其中，部级高职（专科）院校提高了 7.88%。2014 年全省地级高校专任教师中高级专业技术职务教师比例下降明显，下降了 1.81%。如表 5–12 所示。（广东省普通高校高级职称教师比例详见附录表 4–4）

表5–12 2014年广东省普通高校分层次专任教师中高级专业技术职务教师比例

院校层次	普通高校（%）			一般本科院校（%）			高职（专科）院校（%）		
	2013 年	2014 年	比上年增减	2013 年	2014 年	比上年增减	2013 年	2014 年	比上年增减
部级	60.60	61.36	0.76	63.20	63.61	0.41	17.80	25.68	7.88
省级	34.56	35.08	0.52	39.98	40.88	0.90	24.69	23.37	–1.32
地级	38.52	36.71	–1.81	49.34	46.08	–3.26	26.93	28.13	1.20
全省合计	37.80	37.84	0.04	45.00	44.75	–0.25	25.3	25.03	–0.27

分办学性质看，2014 年公办高职（专科）院校专任教师中高级专业技术职务教师比例较上一年提高了 0.62%，达到 26.98%；然而，民办高职（专科）院校高级专业技术职务教师比例下降，比上年下降了 2.94%。如表 5-13 所示。

表5-13　2014年广东省普通高校分办学性质专任教师中高级专业技术职务教师比例

院校性质	一般本科院校（%）			高职（专科）院校（%）		
	2013 年	2014 年	比上年增减	2013 年	2014 年	比上年增减
公办	49.20	49.36	0.16	26.36	26.98	0.62
民办	31.40	31.69	0.29	23.39	20.45	–2.94
全省合计	45.00	44.75	–0.25	25.30	25.03	–0.27

2．专任教师中研究生学历层次教师所占比例持续提高，普通本专科院校均已达到国家合格标准

2014 年，普通高校专任教师中研究生学历教师比例为 67.68%，比上年增长了 1.91%。其中本科院校为 77.03%，比上年增长了 1.02%；高职（专科）院校为 50.45%，比上年增长了 2.24%（国家专科院校合格标准为 15%）。如图 5-2 所示。

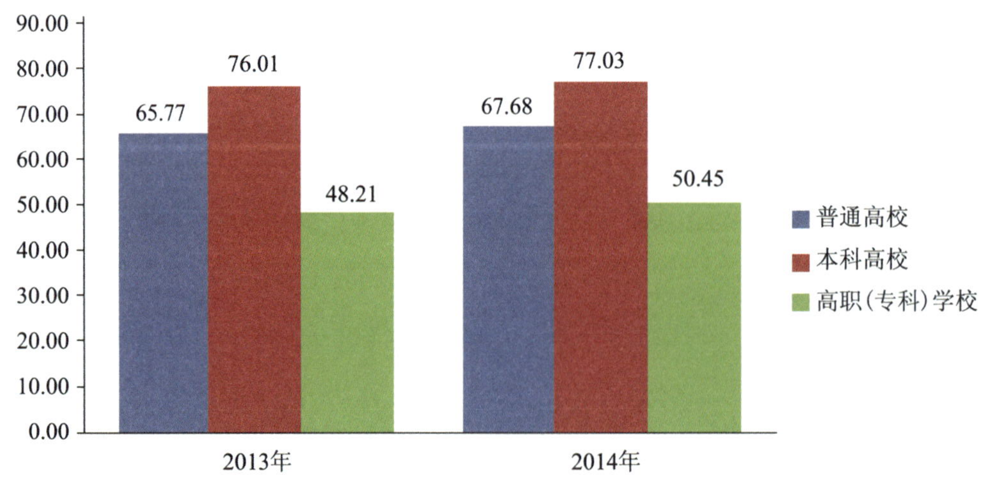

图5-2　2013年、2014年广东省普通高校专任教师中研究生学历比例

分办学性质看，2014 年广东省普通高校专任教师中研究生学历比例普遍增长，

其中增长最快的是公办高职（专科）院校，增长了2.23%。如表5-14所示。

表5-14　2014年广东省普通高校分办学性质专任教师中研究生学历比例

院校性质	一般本科院校（%）			高职（专科）院校（%）		
	2013年	2014年	比上年增减	2013年	2014年	比上年增减
公办	78.60	80.18	1.58	54.50	56.73	2.23
民办	67.40	68.00	0.60	35.17	36.29	1.12
全省合计	76.00	77.00	1.00	48.19	50.49	2.30

3．高职（专科）院校“双师型”教师比例进一步提高

“双师型”教师是高职教育教师队伍建设的特色和重点，大力加强“双师型”教师队伍建设，已经成为社会和教育界的共同呼声。2014年，高职（专科）院校的“双师型”教师比例由上年的35.50%提高至41.86%，增长了6.36%。分学校层次看，省级高职（专科）院校比例最小，为39.28%，比上年增长5.78%。如图5-3所示。

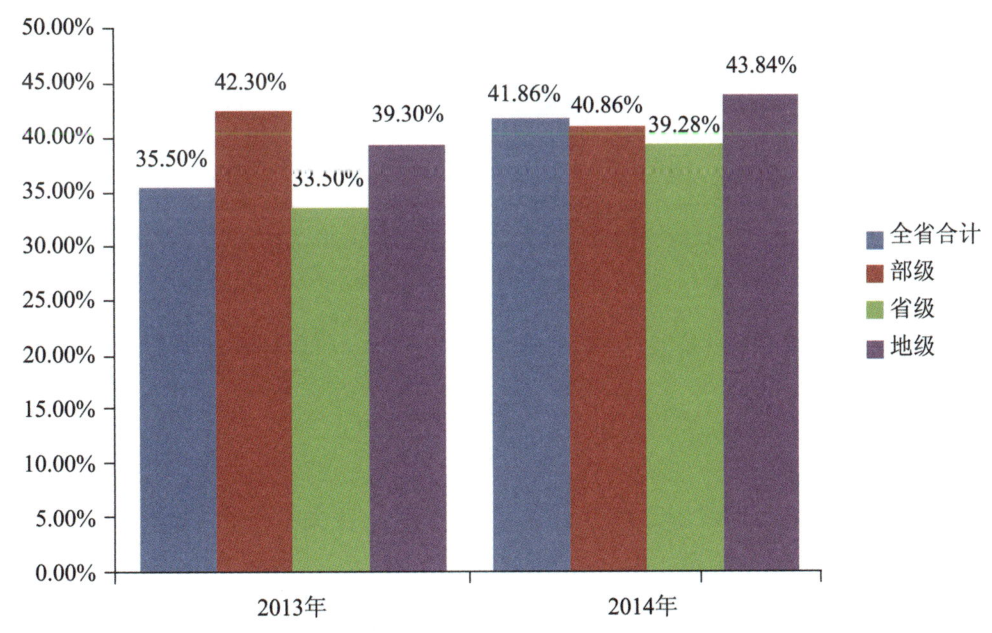

图5-3　2013年、2014年高职（专科）院校分层次双师型教师比例

4．全省普通高校生师比基本与上年持平，专任教师数量配置趋紧

2014 年，全省普通高校生师比为 19.02:1，比上年增长 0.68。高职（专科）院校生师比为 18.52:1，比上年增长 1.01；地级高职（专科）院校生师比为 18.76:1，比上年增长 2.99。如表 5–15 所示。

表5–15　2014年广东省普通高校分层次生师比

院校层次	一般本科院校（%）			高职（专科）院校（%）			普通高校（%）		
	2013 年	2014 年	比上年增减	2013 年	2014 年	比上年增减	2013 年	2014 年	比上年增减
部级	19.55	19.28	–0.27	15.52	15.61	0.09	19.25	18.99	–0.26
省级	19.73	19.44	–0.29	18.61	18.48	–0.13	19.31	19.12	–0.19
地级	19.01	18.62	–0.39	15.77	18.76	2.99	17.18	18.70	1.52
全省合计	19.57	19.29	–0.28	17.51	18.52	1.01	18.34	19.02	0.68

分办学性质看，本科院校生师比较上年有所变化。2014 年，公办本科院校生师比为 19.58:1，比上年增大 0.22；民办本科院校生师比为 18.97:1，比上年减少 1.31。2014 年，公办高职（专科）院校生师比为 18.12:1，比上年减少 4.26。如表 5–16 所示。（广东省普通高校生师比详见附录表 4–5）

表5–16　2014年广东省普通高校分办学性质生师比

院校性质	一般本科院校（%）			高职（专科）院校（%）		
	2013 年	2014 年	比上年增减	2013 年	2014 年	比上年增减
公办	19.36	19.58	0.22	22.38	18.12	–4.26
民办	20.28	18.97	–1.31	18.64	19.54	0.90
全省合计	19.57	19.29	–0.28	21.07	18.52	–2.55

5．高校专任教师参加培训的层次差异明显，各类高等学校参加国外、国内培训机会差异较大

为全面提高高等教育质量，各类高等学校十分重视加强教师队伍的建设，注重为教师提供国内外培训的机会，以提高专任教师的素质。但普通高校专任教师参加国内外培训的机会差异明显，公办高校、高级职称教师参加国内外培训的机会较多。

2014 年，全省高校专任教师共参加国内外培训 56 433 人次，其中国外培训 2899 人次，国内培训 53 534 人次。接受国内外培训的专任教师中，省级一般本科院校和高职（专科）院校所占比例比较高，分别为 32.66% 和 28.51%。如表 5–17 所示。

表5–17 2014年广东省普通高校分层次专任教师参加国内外培训情况

培训类型	合计	一般本科院校			高职（专科）院校		
		部级	省级	地级	部级	省级	地级
规模（人次）							
其中：国外培训	2899	254	1111	478	16	585	455
国内培训	53 534	771	17 319	7360	216	15 505	12 363
全省总计	56 433	1025	18 430	7838	232	16 090	12 818
所占比例（%）							
其中：国外培训	100.00	8.76	38.32	16.49	0.55	20.18	15.70
国内培训	100.00	1.44	32.35	13.75	0.40	28.96	23.09
全省合计	100.00	1.82	32.66	13.89	0.41	28.51	22.71

公办高校专任教师参加国内外培训的机会较多，国内培训主要集中在公办高职（专科）院校。2014 年，在参加国内外培训的专任教师中，公办一般本科院校和公办高职（专科）院校专任教师参加培训分别占 29.25% 和 39.74%，而民办一般本科院校和民办高职（专科）院校专任教师参加培训的比例相对较低，分别为 19.11% 和 11.89%。如表 5–18 所示。

表5–18 2014年广东省普通高校分办学性质专任教师参加国内外培训情况

培训类型	合计	一般本科院校		高职（专科）院校	
		公办	民办	公办	民办
规模（人次）					
其中：国外培训	2899	1591	252	956	100
国内培训	53 534	14 917	10 533	21 472	6612
全省总计	56 433	16 508	10 785	22 428	6712
所占比例（%）					
其中：国外培训	100.00	54.88	8.69	32.98	3.45
国内培训	100.00	27.86	19.68	40.11	12.35
全省合计	100.00	29.25	19.11	39.74	11.89

高校专任教师参加培训的时间以一个月以内的短期培训为主。从高校专任教师参加培训的时间看，2014 年参加一个月以内培训的教师约占培训教师总数的 88.35%。其中，在国外参加一个月以内培训的教师约占国外参加培训教师总数的 63.09%；而在国内参加一个月以内培训的教师约占国内参加培训教师总数的 89.71%。如图 5-4 所示。

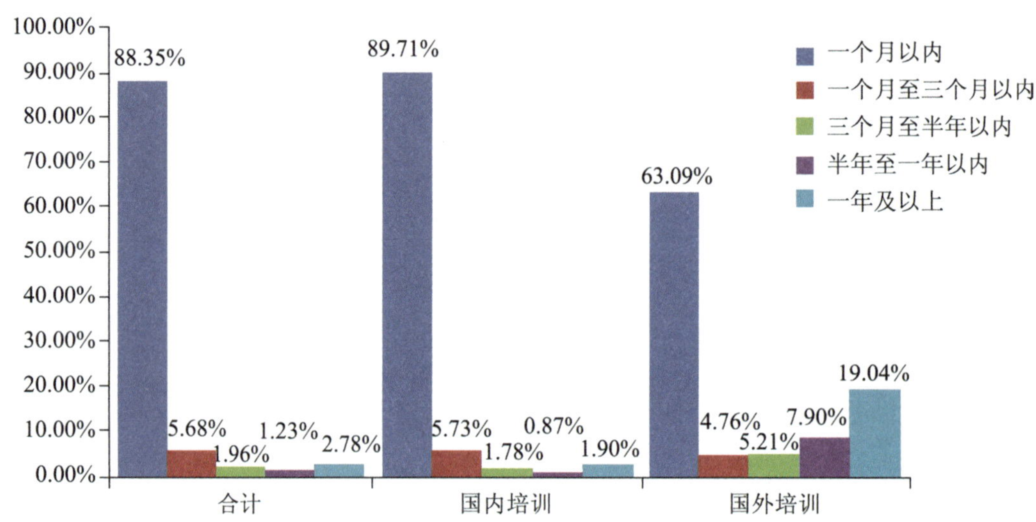

图5-4　2014年广东省普通高校专任教师参加国内外培训的时间分布情况

6. 高校专职辅导员队伍呈现年轻化态势，高职（专科）院校辅导员职务职称较低

近年来，我省高度重视高校辅导员的成长与发展，部分高校已基本落实对辅导员实行教师和干部的双重身份管理、专业技术职务和行政待遇双线晋升的具体政策。2014 年，广东省普通高校共有专职辅导员 6954 人，其中本科生专职辅导员所占比例为 97.20%，研究生专职辅导员所占比例为 2.80%。从年龄分布来看，专职辅导员队伍呈现年轻化，2014 年，高校专职辅导员，30 岁及 30 岁以下的有 3481 人占专职辅导员总数的 50.06%，如图 5-7 所示。

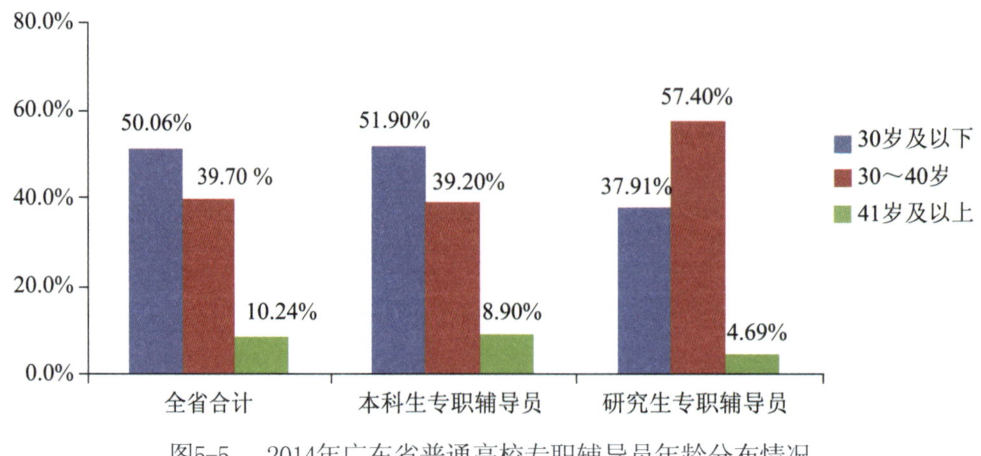

图5-5　2014年广东省普通高校专职辅导员年龄分布情况

分辅导员职务看，近八成高校专职辅导员行政职务为副科级及以下，一般本科院校中，副处级及以上职务的专职辅导员所占比例较大。从高校专职辅导员的职务构成看，2014 年高校专职辅导员中，副科级及以下的所占比例为 80.84%；副处级及以上职务的所占比例仅为 6.93%。如表 5–19 所示。

表5–19 2014年广东省普通高校分院校类别专职辅导员职务分布

院校类别	副处级及以上	正科级	副科级及以下	合计
规模（人）				
一般本科院校	395	713	2983	4091
高职（专科）院校	73	113	2477	2663
全省合计	468	826	5460	6754
所占比例（%）				
一般本科院校	9.66	17.43	72.92	100.00
高职（专科）院校	2.74	4.24	93.02	100.00
全省合计	6.93	12.23	80.84	100.00

近七成高校专职辅导员专业技术职称为初级及以下，一般本科院校副高及以上职称的专职辅导员所占比例较高。从高校专职辅导员的专业技术职称分布看，2014 年副高及以上职称的高校专职辅导员所占比例为 2.52%；初级及以下职称的高校专职辅导员所占比例为 66.09%。从院校类别看，高职（专科）院校初级及以下职称所占比重最大，为 73.60%。如图 5–6 所示。

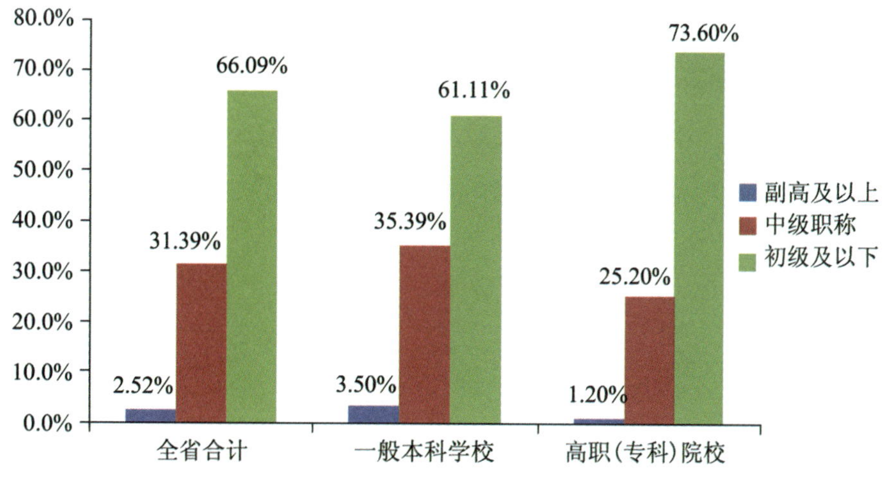

图5-6 2014年广东省分院校类别普通高校专职辅导员职称分布

高校专职辅导员的学历构成以本科和硕士研究生为主，其中一般本科院校硕士研究生学历较多，高职（专科）院校本科学历较多。2014 年，一般本科院校硕士学历的辅导员所占比例为 58.49%，而高职（专科）院校本科学历的专职辅导员所占比例为 66.99%。如表 5-20 所示。

表5-20　2014年广东省普通高校分院校类别专职辅导员学历构成

院校类别	博士研究生	硕士研究生	本科	专科及以下	合计
规模（人）					
一般本科院校	71	2393	1607	20	4091
高职（专科）院校	13	746	1784	120	2663
全省合计	84	3139	3391	140	6754
所占比例（%）					
一般本科院校	1.74	58.49	39.28	0.49	100.00
高职（专科）院校	0.49	28.01	66.99	4.51	100.00
全省合计	1.24	46.48	50.21	2.07	100.00

7. 本科院校心理咨询工作人员资格证书持有率较高，高职（专科）院校心理咨询工作人员职务与学历较低

各高校逐步将大学生心理健康教育师资队伍建设纳入学校整体师资教师队伍建设工作中，加强选拔、配备、培养和管理，高校心理咨询工作人员的资质、职务和学历逐步提高。

从整体来看，高校心理咨询工作人员七成以上持有资格证书。从学校类别看，部属高校和高职（专科）院校持有资格证书的比例较高，分别为 84.38% 和 79.27%。如表 5-21 所示。

表5-21　2014年广东省普通高校心理咨询工作人员持有资格证书情况

院校层次	规模合计（人）	其中：持有资格证书	
		规模（人）	所占比例（%）
部级	32	27	84.38
省级	467	334	71.52
地级	185	134	72.43
一般本科院校	409	277	67.73
高职（专科）院校	275	218	79.27
全省合计	1368	990	72.37

在高校心理咨询工作人员中，高职（专科）院校初级及以下职务所占比例较高。2014 年，我省高校心理咨询工作人员副高及以上专业技术职称的人员所占比例为 18.57%；中级专业技术职称的人员所占比例为 57.31%。其中，一般本科院校心理咨询工作人员副高及以上专业技术职称的人员所占比例较高，为 19.80%；在高职（专科）院校，中级专业技术职称的人员所占比例达到了 60.37%。如图 5-7 所示。

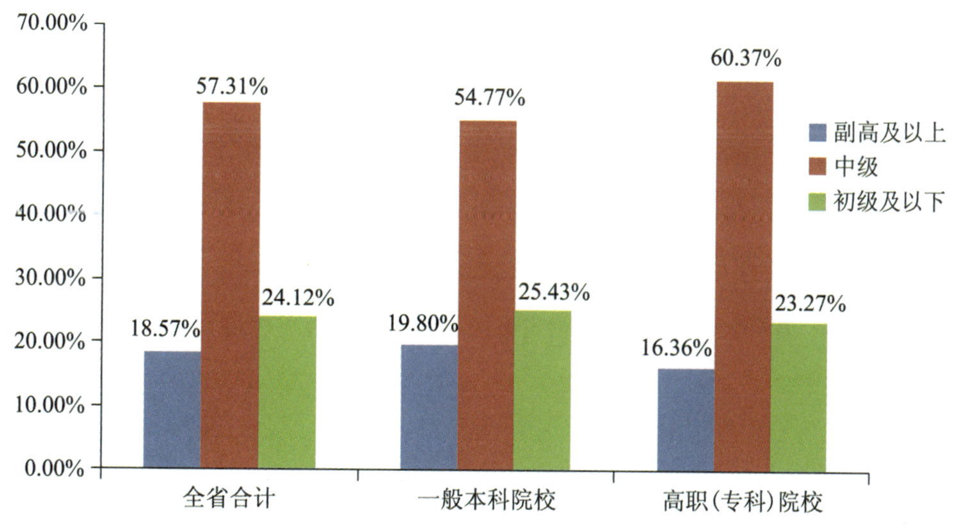

图5-7　2014年广东省普通高校心理咨询工作人员专业技术职务分布

一般本科院校心理咨询人员以研究生学历为主，高职（专科）院校心理咨询工作人员以本科学历为主。2014 年，我省高校心理咨询工作人员中具有博士研究生学历的所占比例为 5.85%；硕士研究生学历的所占比例为 59.06%；其中，一般本科院

校具有博士和硕士研究生学历的心理咨询工作人员所占比例较高，分别为 8.80% 和 65.28%，而高职（专科）院校的本科学历心理咨询工作人员比例高达46.18%。如表5–22所示。

表5–22 2014年广东省普通高校心理咨询工作人员学历情况

院校类别	博士研究生	硕士研究生	本科	专科及以下	合计
规模（人）					
一般本科院校	36	267	106	0	409
高职（专科）院校	4	137	127	7	275
全省合计	40	404	233	7	684
所占比例（%）					
一般本科院校	8.80	65.28	25.92	0.00	100.00
高职（专科）院校	1.45	49.82	46.18	2.55	100.00
全省合计	5.85	59.06	34.06	1.02	100.00

三、普通高校办学条件变化情况

近年来，我省不断加强高等教育工作，以提升高等教育质量和建设“南方教育高地”为目标，不断增加高等教育的投入，充实高等教育资源，全省高校办学条件得到改善。

1．校园面积总量较上一年略有减少，生均校园面积呈现不同程度的下降

2014 年广东省公办高校校园面积为 128 317.48 亩，由于个别公办学校撤销，比上年下降了 0.41%；民办高校校园面积为 54 318.57 亩，比上年下降 0.71%。其中民办本科院校增长了 12.08%，而民办高职（专科）院校却下降了 19.08%，如表 5–23 所示。（广东省各普通高校校园占地面积详见附录表 4–6 所示）

表5–23 2014年广东省普通高校分办学性质校园面积

院校类别	院校性质	2013 年（亩）	2014 年（亩）	比上年增长（%）	生均（m^2）	比上年增长（%）
一般本科院校	公办	85 830.74	84 855.82	–1.14	68.16	–4.93
	民办	32 250.04	36 146.49	12.08	65.95	–6.73
高职（专科）院校	公办	43 016.58	43 461.66	1.03	58.00	–0.68
	民办	22 456.71	18 172.07	–19.08	56.34	–15.78
全省合计	公办	128 847.32	128 317.48	–0.41	64.34	–3.53
	民办	54 706.75	54 318.57	–0.71	62.39	–9.58

注：普通高校“校园面积”中含非产权独立使用部分，指学校租借用一年以上的校园面积，不含学校与其他单位共享的校园面积。

2014 年全省普通高校校园面积为 182 636.05 亩，比上年下降了 0.50%。其中，部属院校校园面积增长最快，增长了 8.39%，而省级高校校园面积呈现出下降态势，下降了 1.82%。如表 5–24 所示。

表5–24 2014年广东省普通高校分层次校园面积

院校层次	2013 年总面积（亩）	2014 年总面积（亩）	比上年增长（%）	生均（m^2）	比上年增长（%）
部级	16 704.36	18 105.66	8.39	84.43	0.63
省级	122 432.23	120 199.09	–1.82	59.70	–8.72
地级	44 417.48	47 331.30	–0.19	69.60	2.05
全省总计	183 554.07	182 636.05	–0.50	63.75	–5.28

注：普通高校“校园面积”中含非产权独立使用部分，指学校租借用一年以上的校园面积，不含学校与其他单位共享的校园面积。

2．不同类型高校校舍建筑面积差距较大

2014 年全省公办普通高校与民办普通高校校舍建筑面积分别为 3763.18 万平方米和 1318.00 万平方米，与上年相比，分别下降了 0.21% 和 0.28%。其中高职（专科）院校校舍建筑面积呈现负增长，且民办院校降幅高达 21.58%。但本科院校中的民办本科院校校舍建筑面积却大幅增长，提高了 18.10%。如表 5–25 所示。（广东省各普通高校校舍建筑面积详见附录表 4–7）

表5–25 2014年广东省普通高校分办学性质校舍建筑面积

院校类别	院校性质	2013 年（万 m^2）	2014 年（万 m^2）	比上年增长（%）	生均（m^2）	比上年增长（%）
一般本科院校	公办	2583.80	2578.97	–0.19	31.07	–4.09
	民办	709.31	837.73	18.10	22.93	–1.61
高职（专科）院校	公办	1187.48	1184.21	–0.28	23.71	–2.04
	民办	612.44	480.27	–21.58	22.34	–18.48
全省合计	公办	3771.28	3763.18	–0.21	28.31	–3.39
	民办	1321.75	1318.00	–0.28	22.71	–9.17

注：普通高校“校舍面积”中含非产权独立使用部分，指学校租借用一年以上的校舍面积，不含学校与其他单位共享的校舍面积。

2014 年全省普通高校校舍建筑面积为 5081.19 万平方米，比上年减少了 0.23%，生均校舍建筑面积减少了 5%。其中，部级、省级高校校舍建筑面积较去年均有小幅上涨，但生均面积下降幅度明显。如表 5–26 所示。

表5–26　2014年广东省普通高校分层次校舍建筑面积

院校层次	2013 年（万 m^2）	2014 年（万 m^2）	比上年增长（%）	生均（m^2）	比上年增长（%）
部级	552.00	554.17	0.39	38.76	–6.83
省级	3344.01	3371.77	0.83	25.12	–6.27
地级	1197.02	1155.25	–3.49	27.21	–1.41
全省总计	5093.03	5081.19	–0.23	26.60	–5.00

注：普通高校“校舍面积”中含非产权独立使用部分，指学校租借用一年以上的校舍面积，不含学校与其他单位共享的校舍面积。

3．全省普通高校生均教学与行政用房普遍略有减少

2014 年，全省普通高校教学与行政用房总面积为 2701.03 万平方米，比上年增长了 4.88%；生均教学与行政用房面积为 14.14 平方米，比上年减少了 0.41%。如表 5–27 所示。（广东省各普通高校教学与行政用房详见附录表 4–8）

表5–27　2014年广东省普通高校分层次生均教学与行政用房面积

院校层次	2013 年（万 m^2）	2014 年（万 m^2）	比上年增长（%）	生均（m^2）	比上年增长（%）
部级	235.52	258.50	9.76	18.08	3.32
省级	1695.84	1757.77	3.65	13.09	-3.71
地级	644.06	684.76	6.32	16.13	8.96
全省合计	2575.42	2701.03	4.88	14.14	–0.41

注：普通高校“教学与行政用房”中含非产权独立使用部分，指学校租借用一年以上的教学与行政用房，不含学校与其他单位共享的教学与行政用房。

分办学性质看，2014 年全省普通高校中，公办学校教学与行政用房总面积为 2001.26 万平方米，比上年增长了 4.66%，生均面积为 15.05m^2，比上年增长了 1.03%。民办学校教学与行政用房总面积 699.76 万平方米，比上年增长了 5.51%，生均面积为 12.06m^2，比上年减少了 4.32%。如表 5–28 所示。

表5-28 2014年广东省普通高校分办学性质生均教学与行政用房

院校类别	院校性质	2013年（万 m^2）	2014年（万 m^2）	比上年增长（%）	生均（m^2）	比上年增长（%）
一般本科院校	公办	1 228.77	1 294.47	5.35	15.60	1.28
	民办	318.84	418.23	31.17	11.45	9.00
高职（专科）院校	公办	683.45	706.79	3.42	14.15	1.79
	民办	344.36	281.53	−18.25	13.09	−14.98
全省合计	公办	1 912.22	2 001.26	4.66	15.05	1.03
	民办	663.20	699.76	5.51	12.06	−4.32

注：普通高校“教学与行政用房”中含非产权独立使用部分，指学校租借用一年以上的教学与行政用房，不含学校与其他单位共享的教学与行政用房。

4．仪器设备配置水平整体略有提高，不同办学性质高校的生均仪器设备值差别较大

2014年，全省普通高校仪器设备总值为2 123 015.10万元，比上年增长了10.77%；生均仪器设备为9920.80元，比上年增长了3.39%。分层次看，各层次高校仪器设备值均有增长，其中部级高校增长最快，增长了11.55%，生均值达到26 494.97元。如表5-29所示。（普通高校分层次教学仪器设备值详见附录表4-9）

表5-29 2014年广东省普通高校分层次仪器设备值

院校层次	2013年总值（万元）	2014年总值（万元）	比上年增长（%）	生均（元）	比上年增长（%）
部级	470 869.22	525 272.67	11.55	26 494.97	−1.04
省级	937 762.43	103 2754.37	10.13	7026.21	0.76
地级	508 003.16	564 988.06	11.22	11 973.87	12.38
全省合计	1916 634.81	2 123 015.10	10.77	9920.80	3.39

注：普通高校“教学仪器设备值”中含非产权独立使用部分，指学校租借用一年以上的教学仪器设备，不含学校与其他单位共享的教学仪器设备。

分办学性质看，2014年全省普通高校中，公办学校仪器设备总值为1 860 691.42万元，比上年增长了10.98%，生均仪器设备为12 038.21元，比上年增长了4.85%。其中，民办学校仪器设备总值为262 323.68万元，比上年增长了9.19%，生均仪器设

备为 4 413.93 元，比上年下降了 1.28%。如表 5–30 所示。

表5–30　2014年广东省普通高校分办学性质生均教学仪器设备值

院校类别	院校性质	2013 年总值（万元）	2014 年总值（万元）	比上年增长（%）	生均（元）	比上年增长（%）
一般本科院校	公办	1 282 486.30	1 433 751.15	11.79	14 018.97	3.81
	民办	133 784.53	171 564.33	28.24	4621.16	6.23
高职（专科）院校	公办	393 905.05	426 940.27	8.39	8164.36	5.81
	民办	106 458.93	90 759.35	–14.75	4069.00	–12.16
普通高校	公办	1 676 391.35	1 860 691.42	10.99	12 038.21	4.85
	民办	240 243.46	262 323.68	9.19	4413.93	–1.28

注：普通高校“教学仪器设备值”中含非产权独立使用部分，指学校租借用一年以上的教学仪器设备，不含学校与其他单位共享的教学仪器设备。

5．生均图书数量总体较上年有所下降，公办、民办高校有一定差异

2014 年，全省普通高校图书总数为 14 214.52 万册，比上年增长 4.85%；生均图书数为 67.77 册，比上年减少 0.13%。如表 5–31 所示。（广东省各普通高校图书数详见附录表 4–10）

表5–31　2014年广东省普通高校分层次图书数

院校层次	2013 年总值（万册）	2014 年总值（万册）	比上年增长（%）	生均（册）	比上年增长（%）
部级	1237.16	1272.42	2.85	72.11	1.81
省级	9074.77	9502.06	4.71	66.77	–0.73
地级	3244.86	3440.04	6.02	69.11	1.01
全省合计	13 556.79	14 214.52	4.85	67.77	–0.13

分办学性质看，2014 年全省普通高校中，公办学校图书总数为 10 146.80 万册，比上年增长 3.31%；生均图书数为 67.63 册，比上年下降了 0.33%。民办院校图书总数为 4048.72 万册，比上年增长了 8.40%；生均图书数为 68.13 册，比上年下降 1.37%。如表 5–32 所示。

表5-32 2014年广东省普通高校分办学性质图书数

院校类别	院校性质	2013年总值（万册）	2014年总值（万册）	比上年增长（%）	生均（册/生）	比上年增长（%）
普通高校	公办	9822.04	10 146.80	3.31	67.63	0.33
	民办	3734.93	4047.72	8.40	68.13	-1.37
一般本科院校	公办	6965.75	7174.49	3.00	73.16	-0.14
	民办	2033.51	2546.77	25.24	68.64	2.54
高职（专科）院校	公办	2856.29	2972.31	4.06	56.87	-3.13
	民办	1701.42	1501.95	-11.72	67.29	-6.71

6．生均信息化设备资产值较上年增长，公办院校与民办院校仍有较大差距

2014年，全省普通高校生均信息化设备资产达到3167.16元，比上年增长3.12%。全省普通本科院校生均信息化设备资产值为3661.17元，比上年下降1.03%；高职（专科）院校为2272.67元，比上年增长7.32%。（广东省各普通高校生均信息化设备资产值详见附录表4-11）

部属高校生均信息化设备资产达到7 677.16元，比上年增长6.00%，省属高校为2 566.29元，比上年增长3.31%，而地方高校生均信息化设备资产为3 286.44元，比上年增长3.01%。如表5-33所示。

表5-33 2014年广东省普通高校分层次生均信息化设备资产值

单位：元

院校层次	普通高校			一般本科院校			高职（专科）院校		
	2013年	2014年	比上年增长（%）	2013年	2014年	比上年增长（%）	2013年	2014年	比上年增长（%）
部级	7 242.88	7 677.16	6.00	7 568.47	8 012.40	5.87	2 298.86	2 828.24	23.03
省级	2 484.14	2566.29	3.31	3 015.97	2 953.33	2.08	1 530.47	1 794.09	17.22
地级	3 190.45	3286.44	3.01	3 485.36	3 463.89	-0.62	2 916.84	3 122.98	7.07
全省合计	3 071.27	3167.16	3.12	3 699.22	3 661.17	-1.03	2 117.73	2 272.67	7.32

分办学性质看，广东省高校生均信息化设备资产公办院校与民办院校之间仍存在一定的差距。总体来看，2014 年，广东省公办院校全省合计生均信息化设备资产比上年增长 4.88%。其中，公办本科院校生均信息化设备资产比上一年增长 2.00%，公办高职（专科）院校生均信息化设备资产均比上年增长 14.18%。

2014 年，广东省民办院校生均信息化设备资产均比上年略有下降，民办院校全省合计生均信息化设备资产为 1585.31 元，比上年下降 0.42%。其中，民办本科院校生均信息化设备资产比上一年下降 5.42%，而民办高职（专科）院校生均信息化设备资产均比上年增长 4.97%。如表 5–34 所示。

表5–34　2014年广东省普通高校分类别生均信息化设备资产值

单位：元

院校类别	公办				民办			
	2013 年	2014 年	比上年增减（元）	比上年增长（%）	2013 年	2014 年	比上年增减（元）	比上年增长（%）
一般本科院校	4 286.92	4 372.63	85.71	2.00	1 883.87	1 781.81	–102.06	–5.42
高职（专科）院校	2 367.64	2 703.41	335.77	14.18	1 200.46	1 260.10	59.64	4.97
全省合计	3 615.98	3 792.31	176.33	4.88	1 591.95	1 585.31	–6.64	–0.42

7. 普通高校本科院校每百名学生拥有教学用计算机台数不断增加，民办院校与公办院校差距缩小

2014 年，广东省普通高校每百名学生拥有教学用计算机 24.56 台，比上年减少 2.89 台。其中本科院校比上年减少 3.39 台；高职高专院校比上年增加 5.91 台。如表 5–35 所示。（广东省各普通高校每百名学生拥有教学用计算机台数详见附录表 4–12）

表5-35 2014年广东省普通高校分层次每百名学生拥有教学用计算机台数

单位：台

院校层次	普通高校			一般本科院校			高职（专科）院校		
	2013年	2014年	比上年增长（%）	2013年	2014年	比上年增长（%）	2013年	2014年	比上年增长（%）
部级	33.97	29.50	-13.16	31.26	30.23	-3.29	18.21	18.95	4.06
省级	23.56	22.27	-5.48	22.59	21.88	-3.14	21.89	23.05	5.30
地级	28.79	29.35	1.95	25.11	24.55	-2.23	32.19	33.77	4.91
全省合计	25.29	24.56	-2.89	24.19	23.37	-3.39	25.22	26.71	5.91

分办学性质看，2014年，全省公办每百名学生拥有教学用计算机台数有所减少，每百名学生拥有教学用计算机台数为25.62台，比上一年减少1.20台，减少了4.47%；民办院校每百名学生拥有教学用计算机台数为21.88台，比上年增加0.22台，增长了1.02%。如表5-36所示。

表5-36 2014年广东省普通高校分办学性质每百名学生拥有教学用计算机台数

单位：台

院校类别	公办				民办			
	2013年	2014年	比上年增减	比上年增长（%）	2013年	2014年	比上年增减	比上年增长（%）
一般本科院校	27.07	23.85	-3.22	-11.90	22.65	22.12	-0.53	-2.34
高职（专科）院校	27.28	28.95	1.67	6.12	21.08	21.47	0.39	1.85
全省合计	26.82	25.62	-1.20	-4.47	21.66	21.88	0.22	1.02

8．校均上网课程数量显著提高，不同办学性质高校之间的差距缩小

2014年，全省普通高校校均上网课程为176.85门，比上年增长23.92%。其中，一般本科院校校均上网课程为312.61门，比上年增长30.04%；高职（专科）院校校均上网课程为71.63门，比上年增长1.04%，明显低于一般本科院校。如表5-37所示。（广东省各普通高校校均上网课程数量详见附录表4-13）

表5-37 2014年广东省普通高校校均上网课程数量

单位：门

院校层次	普通高校			一般本科院校			高职（专科）院校		
	2013 年	2014 年	比上年增长（%）	2013 年	2014 年	比上年增长（%）	2013 年	2014 年	比上年增长（%）
部级	1147.28	1365.10	18.99	1463.65	1747.02	19.36	198.00	219.00	10.61
省级	115.62	146.15	26.41	178.21	246.75	38.46	62.42	54.85	-12.13
地级	103.88	131.43	26.52	153.68	205.00	33.39	84.04	102.00	21.37
全省合计	142.71	176.85	23.92	240.39	312.61	30.04	70.89	71.63	1.04

分办学性质看，2014 年全省高校校均上网课程数量大部分呈增长趋势，公办本科院校校均上网课程数量比上年增加 99.06 门，公办高职（专科）院校校均上网课程数量比上年增加 12.94 门。总体来看，民办院校校均上网课程数量有所增加，2014 年全省民办院校校均上网课程数量比上年增加 14.37 门，民办高职（专科）院校校均上网课程数量较 2013 年数量增长 6.14%。如表 5-38 所示。

表5-38 2014年广东省普通高校分办学性质校均上网课程数量

单位：门

院校类别	公办			民办		
	2013 年	2014 年	比上年增长（%）	2013 年	2014 年	比上年增长（%）
一般本科院校	325.40	424.46	30.44	94.30	147.08	55.97
高职（专科）院校	88.10	101.04	14.69	41.39	43.93	6.14
全省合计	188.19	234.00	24.34	63.57	77.94	22.61

附 录

第一部分 学前教育有关表格

附录表1–1 广东省各地市学前教育招生情况

单位：人

地区	2014 年			比上年增长（%）		
	城市	农村	合计	城市	农村	合计
合计	874 005	972 412	1 846 417	16.69	1.19	7.98
珠江三角洲	597 750	199 315	797 065	14.67	–1.44	10.17
东翼	86 212	204 402	290 614	23.58	4.38	9.42
西翼	128 058	300 930	428 988	25.44	8.78	13.27
山区	61 985	267 765	329 750	10.87	–6.46	–3.63
广州市	105 267	32 341	137 608	6.57	18.30	9.12
深圳市	174 195	—	174 195	21.14	—	21.14
珠海市	19 146	3431	22 577	27.52	–1.94	21.95
汕头市	35 445	44 763	80 208	13.52	11.92	12.62
佛山市	77 427	6583	84 010	13.95	0.06	12.72
韶关市	10 854	36 426	47 280	1.17	–11.92	–9.22
河源市	10 173	56 589	66 762	13.15	–16.91	–13.41
梅州市	10 407	77 112	87 519	3.13	4.55	4.38
惠州市	31 062	59 044	90 106	8.56	–1.93	1.45
汕尾市	12 885	29 768	42 653	2.61	18.91	13.47
东莞市	116 858	9327	126 185	14.34	12.60	14.21
中山市	30 049	14 796	44 845	28.09	22.64	26.24
江门市	29 826	21 369	51 195	3.85	–4.71	0.10
阳江市	15 366	44 837	60 203	14.43	10.67	11.61
湛江市	53 573	121 582	175 155	31.56	10.79	16.41
茂名市	59 119	134 511	193 630	23.33	6.42	11.07
肇庆市	13 920	52 424	66 344	9.31	–15.22	–11.03
清远市	18 638	53 635	72 273	40.06	–6.47	2.29
潮州市	13 906	32 735	46 641	74.54	–11.44	3.81
揭阳市	23 976	97 136	121 112	33.10	3.53	8.29
云浮市	11913	44003	55 916	–6.86	–3.71	–4.40

附录表1-2　广东省各地市学前教育在园情况

单位：人

地区	2014年			比上年增长（%）		
	城市	农村	合计	城市	农村	合计
合计	2 165 189	1 628 192	3 793 381	10.00	3.22	6.98
珠江三角洲	1 543 036	432 338	1 975 374	6.27	7.18	6.46
东翼	229 890	322 101	551 991	24.37	−2.13	7.40
西翼	225 749	425 997	651 746	18.22	8.10	11.40
山区	166 514	447 756	614 270	18.48	−0.67	3.88
广州市	314 925	89 336	404 261	5.53	11.24	6.74
深圳市	399 014	0	399 014	8.15	—	8.15
珠海市	47 439	10 907	58 346	4.00	18.62	6.45
汕头市	97 202	78 386	175 588	8.09	8.37	8.21
佛山市	231 600	19 761	251 361	6.35	5.31	6.26
韶关市	35 063	77 687	112 750	6.11	3.77	4.48
河源市	25 238	94 879	120 117	7.47	−4.95	−2.59
梅州市	23 916	112 981	136 897	12.40	4.29	5.62
惠州市	73 948	101 860	175 808	9.08	6.83	7.77
汕尾市	17 728	40 277	58 005	−2.32	5.90	3.25
东莞市	268 636	21 912	290 548	4.39	7.20	4.60
中山市	81 582	41 186	122 768	10.07	12.62	10.91
江门市	84 882	47 969	132 851	2.09	5.96	3.46
阳江市	33 108	66 208	99 316	11.95	12.38	12.23
湛江市	101 678	177 306	278 984	33.00	9.68	17.17
茂名市	90 963	182 483	273 446	7.10	5.17	5.80
肇庆市	41 010	99 407	140 417	5.39	1.96	2.94
清远市	51 485	96 912	148 397	52.65	−5.94	8.51
潮州市	39 439	61 200	100 639	122.18	−22.20	4.38
揭阳市	75 521	142 238	217 759	27.96	1.54	9.37
云浮市	30 812	65 297	96 109	6.22	0.91	2.55

附录表1–3 广东省各地市学前教育小学附设班在班（园）幼儿数情况

单位：人

地区	2013 年	2014 年	增减数	增长比例（%）
合计	459 089	401 147	–57 942	–12.62
珠江三角洲	56 050	56 698	648	1.16
东翼	120 376	120 989	613	0.51
西翼	173 822	131 523	–42 299	–24.33
山区	108 841	91 937	–16 904	–15.53
广州市	2	3	1	50.00
深圳市	0	0	0	—
珠海市	0	0	0	—
汕头市	11 597	11 861	264	2.28
佛山市	818	752	–66	–8.07
韶关市	11 083	6584	–4499	–40.59
河源市	28 634	21 212	–7422	–25.92
梅州市	29 008	25 853	–3155	–10.88
惠州市	15 014	12 128	–2886	–19.22
汕尾市	23 425	22 796	–629	–2.69
东莞市	56	1224	1168	2085.71
中山市	0	0	0	—
江门市	7374	7380	6	0.08
阳江市	24 071	21 248	–2823	–11.73
湛江市	39 011	33 075	–5936	–15.22
茂名市	110 740	77 200	–33 540	–30.29
肇庆市	32 786	35 211	2425	7.40
清远市	17 962	17 676	–286	–1.59
潮州市	11 487	12 149	662	5.76
揭阳市	73 867	74 183	316	0.43
云浮市	22 154	20 612	–1542	–6.96

附录表1-4　广东省各地市小学招生中接受过学前教育的人数情况

单位：人

地区	2013年			2014年			增长情况	
	城市	农村	合计	城市	农村	合计	增减	增长率（%）
合计	792 282	661 873	1 454 155	837 151	651 406	1 488 557	34 402	2.37
珠江三角洲	590 632	189 491	780 123	610 879	190 757	801 636	21 513	2.76
东翼	77 404	153 055	230 459	90 259	136 853	227 112	3347	-1.45
西翼	72 018	150 716	222 734	75 875	152 467	228 342	5608	2.52
山区	52 228	168 611	220 839	60 138	171 329	231 467	10 628	4.81
广州市	122 283	35 547	157 830	128 614	37 231	165 845	8015	5.08
深圳市	142 872	0	142 872	152 001	0	152 001	9129	6.39
珠海市	19 987	3768	23 755	22 183	4427	26 610	2855	12.02
汕头市	39 792	42 461	82 253	42 372	42 750	85 122	2869	3.49
佛山市	75 802	7559	83 361	76 050	8226	84 276	915	1.10
韶关市	11 498	23 909	35 407	11 706	23 914	35 620	213	0.60
河源市	10 445	39 050	49 495	10 365	40 131	50 496	1001	2.02
梅州市	8973	41 965	50 938	10 328	44 277	54 605	3667	7.20
惠州市	34 459	54 505	88 964	34 925	52 244	87 169	-1795	-2.02
汕尾市	8329	26 934	35 263	8045	24 137	32 182	-3081	-8.74
东莞市	114 543	10 913	125 456	113 397	10 676	124 073	-1383	-1.10
中山市	31192	16 103	47 295	33 341	16 727	50 068	2773	5.86
江门市	33 357	19 004	52 361	33 284	19 046	52 330	-31	-0.06
阳江市	11 844	23 094	34 938	12 060	23 447	35 507	569	1.63
湛江市	33 174	59 579	92 753	35 213	61 369	96 582	3829	4.13
茂名市	27 000	68 043	95 043	28 602	67 651	96 253	1210	1.27
肇庆市	16 137	42 092	58 229	17 084	42 180	59 264	1035	1.78
清远市	11 495	38 807	50 302	16 945	36 223	53 168	2866	5.70
潮州市	5864	27 021	32 885	13 940	18 144	32 084	-801	-2.44
揭阳市	23 419	56 639	80 058	25 902	51 822	77 724	-2334	-2.92
云浮市	9817	24 880	34 697	10 794	26 784	37 578	2881	8.30

附录表1-5 广东省各地市学前教育专任教师数情况

单位：人

地区	2013年			2014年			增长情况	
	城市	农村	合计	城市	农村	合计	增减	增长率（%）
合计	128 322	59 860	188 182	143 266	70 534	213 800	25 618	13.61
珠江三角洲	100 176	20 906	121 082	106 579	22 521	129 100	8018	6.62
东翼	10 268	11 460	21 728	14 071	12 948	27 019	5291	24.35
西翼	9870	11 005	20 875	12 651	16 120	28 771	7896	37.83
山区	8008	16 489	24 497	9965	18 945	28 910	4413	18.01
广州市	21 156	4963	26 119	22 512	5647	28 159	2040	7.81
深圳市	26 803	—	26 803	28 782	—	28 782	1979	7.38
珠海市	3278	629	3907	3512	721	4233	326	8.34
汕头市	5351	3292	8643	6102	4061	10 163	1520	17.59
佛山市	14 801	1188	15 989	15 816	1270	17 086	1097	6.86
韶关市	1820	3045	4865	2018	3473	5491	626	12.87
河源市	1612	3483	5095	1731	3914	5645	550	10.79
梅州市	1126	3622	4748	1533	4681	6214	1466	30.88
惠州市	4741	4766	9507	5025	5128	10 153	646	6.79
汕尾市	588	1094	1682	629	1240	1869	187	11.12
东莞市	16 338	1302	17 640	17 359	1389	18 748	1108	6.28
中山市	4733	2214	6947	4992	2375	7367	420	6.05
江门市	5429	2025	7454	5543	2237	7780	326	4.37
阳江市	1765	2245	4010	2067	3302	5369	1359	33.89
湛江市	4441	5081	9522	5818	7169	12 987	3465	36.39
茂名市	3664	3679	7343	4766	5649	10 415	3072	41.84
肇庆市	2897	3819	6716	3038	3754	6792	76	1.13
清远市	1867	4197	6064	2887	4159	7046	982	16.19
潮州市	1146	3721	4867	2854	3061	5915	1048	21.53
揭阳市	3183	3353	6536	4486	4586	9072	2536	38.80
云浮市	1583	2142	3725	1796	2718	4514	789	21.18

附录表1-6 广东省各地市学前教育专任教师中幼儿教育专业毕业数情况 (%)

地区	2013 年		2014 年		增长情况	
	幼儿专业毕业（人）	占专任教师数比例	幼儿专业毕业（人）	占专任教师数比例	增长率	比例增幅
合计	136 889	72.74	157 511	73.67	15.06	0.93
珠江三角洲	101 490	83.82	110 730	85.77	9.10	1.95
东翼	9645	44.39	13 148	48.66	36.32	4.27
西翼	11 584	55.49	16 292	56.63	40.64	1.13
山区	14 170	57.84	17 341	59.98	22.38	2.14
广州市	22 125	84.71	24 187	85.89	9.32	1.19
深圳市	24 240	90.44	26 189	90.99	8.04	0.55
珠海市	3302	84.51	3653	86.30	10.63	1.78
汕头市	3819	44.19	4259	41.91	11.52	–2.28
佛山市	13 962	87.32	15 009	87.84	7.50	0.52
韶关市	3246	66.72	3708	67.53	14.23	0.81
河源市	3206	62.92	3692	65.40	15.16	2.48
梅州市	2551	53.73	3437	55.31	34.73	1.58
惠州市	7169	75.41	8319	81.94	16.04	6.53
汕尾市	914	54.34	1031	55.16	12.80	0.82
东莞市	15 423	87.43	16 895	90.12	9.54	2.68
中山市	6117	88.05	6669	90.53	9.02	2.47
江门市	4445	59.63	4947	63.59	11.29	3.95
阳江市	2324	57.96	3542	65.97	52.41	8.02
湛江市	5893	61.89	7915	60.95	34.31	–0.94
茂名市	3367	45.85	4835	46.42	43.60	0.57
肇庆市	4707	70.09	4862	71.58	3.29	1.50
清远市	3202	52.80	3822	54.24	19.36	1.44
潮州市	5915	58.41	3757	63.52	32.15	5.10
揭阳市	9072	31.66	4101	45.21	98.21	13.55
云浮市	4514	52.75	2682	59.42	–40.58	6.67

附录表1-7 广东省各地市幼儿园生均校舍占地面积情况

单位：平方米

地区	2013年			2014年			生均增减面积
	校舍面积	在园数(人)	生均	校舍面积	在园数(人)	生均	
合计	22 488 399.87	3 545 757	6.34	26 513 020	379 3381	6.99	0.65
城市	15 201 705.04	1 968 397	7.72	17 867 630	2 165 189	8.25	0.53
农村	7 286 694.80	1 577 360	4.62	8 645 390	1 628 192	5.31	0.69
珠江三角洲	16 682 883.84	185 5440	7.95	16 693 085	1 975 374	8.45	0.50
东翼	268 866 288	513 964	4.29	2 690 473	551 991	4.87	0.58
西翼	3 497 658.78	585 046	4.23	3 510 459	651 746	5.39	1.16
山区	3 613 182.71	591 307	5.19	3 619 003	614 270	5.89	0.71
广州市	2 935 420	378 728	7.75	3 444 970	404 261	8.52	0.77
深圳市	2 869 314.70	368 937	7.78	3 244 919	399 014	8.13	0.36
珠海市	431 474.39	54 809	7.87	516 271	58 346	8.85	0.98
汕头市	859 807	162 260	5.30	981 036	175 588	5.59	0.29
佛山市	2161 913.20	236 542	9.14	2 395 057	251 361	9.53	0.39
韶关市	590 606.81	107 913	5.47	665 602	112 750	5.90	0.43
河源市	691 103	123 308	5.60	810 331	120 117	6.75	1.14
梅州市	570 224.20	129 613	4.40	718 424	136 897	5.25	0.85
惠州市	1 149 301	163 139	7.04	1 292 650	175 808	7.35	0.31
汕尾市	168 081	56 181	2.99	206 393	58 005	3.56	0.57
东莞市	2 571 669.70	277 777	9.26	2 957 636	290 548	10.18	0.92
中山市	893 444.54	110 688	8.07	997 426	122 768	8.12	0.05
江门市	897 202.33	128 413	6.99	98 2150	132 851	7.39	0.41
阳江市	505 253	88 490	5.71	597 354	99 316	6.01	0.30
湛江市	1 033 306.60	238 106	4.34	1 443 246	278 984	5.17	0.83
茂名市	936 530.56	258 450	3.62	1 469 859	273 446	5.38	1.75
肇庆市	832 887.30	136 407	6.11	862 006	140 417	6.14	0.03
清远市	774 063	136 754	5.66	898 624	148 397	6.06	0.40
潮州市	454 818.50	96 419	4.72	595 143	100 639	5.91	1.20
揭阳市	721 751	199 104	3.62	907 901	217 759	4.17	0.54
云浮市	440 227.95	93 719	4.70	526 022	96 109	5.47	0.78

附录表1-8 广东省各地市幼儿园生均活动室面积情况

单位：平方米

地区	2013年			2014年			
	活动室面积	在园数（人）	生均面积	活动室面积	在园数（人）	生均面积	生均增减面积
合计	8 877 342.65	3 545 757	2.50	10 483 049	3 793 381	2.76	0.26
城市	6 031 032.90	1 968 397	3.06	7 080 919	2 165 189	3.27	0.21
农村	2 846 309.70	1 577 360	1.80	3 402 130	1 628 192	2.09	0.29
珠江三角洲	5 782 475.36	1 855 440	3.12	6 518 345	1 975 374	3.30	0.18
东翼	8 733 86.34	513 964	1.70	1 114 323	551 991	2.02	0.32
西翼	1 015 177.51	585 046	1.74	1 419 333	651 746	2.18	0.44
山区	1 206 303.45	591 307	2.04	1 431 048	614 270	2.33	0.29
广州市	1 211 060.20	378 728	3.20	1 436 599	404 261	3.55	0.35
深圳市	1 186 859.62	368 937	3.22	1 318 230	399 014	3.30	0.08
珠海市	182 228.54	54 809	3.32	214 249	58 346	3.67	0.35
汕头市	357 446	162 260	2.20	414 879	175 588	2.36	0.16
佛山市	7 800 50.04	236 542	3.30	845 629	251 361	3.36	0.07
韶关市	2 198 67.65	107 913	2.04	248 724	112 750	2.21	0.17
河源市	275 216	123 308	2.23	322 041	120 117	2.68	0.45
梅州市	227 242.80	129 613	1.75	292 609	136 897	2.14	0.39
惠州市	457 902	163 139	2.81	519 462	175 808	2.95	0.14
汕尾市	70 616	56 181	1.26	84 742	58 005	1.46	0.20
东莞市	899 583.56	277 777	3.24	1 033 855	290 548	3.56	0.32
中山市	326 645.19	110 688	2.95	368 332	122 768	3.00	0.05
江门市	394 050.21	128 413	3.07	422 431	132 851	3.18	0.11
阳江市	207 347	88 490	2.34	250 879	99 316	2.53	0.19
湛江市	428 847.35	238 106	1.80	569 527	278 984	2.04	0.24
茂名市	378 983.16	258 450	1.47	598 927	273 446	2.19	0.72
肇庆市	344 096	136 407	2.52	359 558	140 417	2.56	0.04
清远市	305 705	136 754	2.24	358 217	148 397	2.41	0.19
潮州市	159 125.34	96 419	1.65	246 125	100 639	2.45	0.80
揭阳市	286 199	199 104	1.44	368 577	217 759	1.69	0.25
云浮市	178 272	93 719	1.90	209 457	96 109	2.18	0.28

附录表1-9 广东省各地市幼儿园生均户外场地占地面积情况

单位：平方米

地区	2013年			2014年			
	户外场地	在园数（人）	生均面积	户外场地	在园数（人）	生均面积	生均增减面积
合计	17 490 673.64	3 545 757	4.93	20 189 077	3 793 381	5.32	0.39
城市	11 004 682.97	1 968 397	5.59	12 422 927	2 165 189	5.74	0.15
农村	6 485 990.67	1 577 360	4.11	7 766 150	1 628 192	4.77	0.66
珠江三角洲	11 932 942.84	1 855 440	6.43	12 921 000	1 975 374	6.54	0.11
东翼	1 339 575.50	513 964	2.61	1 698 934	551 991	3.08	0.47
西翼	1 827 197.70	585 046	3.12	2 825 095	651 746	4.33	1.21
山区	2 390 957.60	591 307	4.04	2 744 048	614 270	4.47	0.42
广州市	2 357 802.30	378 728	6.23	2 626 671	404 261	6.50	0.27
深圳市	2 143 764.27	368 937	5.81	2 361 300	399 014	5.92	0.11
珠海市	425 523.59	54 809	7.76	467 093	58 346	8.01	0.24
汕头市	514 977.00	162 260	3.17	574 873	175 588	3.27	0.10
佛山市	1 892 875.32	236 542	8.00	2 005 018	251 361	7.98	−0.03
韶关市	464 558.50	107 913	4.30	520 874	112 750	4.62	0.31
河源市	472 342.00	123 308	3.83	540 024	120 117	4.50	0.67
梅州市	495 718.80	129 613	3.82	630 705	136 897	4.61	0.78
惠州市	906 679.00	163 139	5.56	968 157	175 808	5.51	−0.05
汕尾市	109 235.00	56 181	1.94	136 862	58 005	2.36	0.42
东莞市	1 738 735.67	277 777	6.26	1 974 334	290 548	6.80	0.54
中山市	988 114.96	110 688	8.93	999 227	122 768	8.14	−0.79
江门市	813 207.71	128 413	6.33	855 877	132 851	6.44	0.11
阳江市	303 520.00	88 490	3.43	437 798	99 316	4.41	0.98
湛江市	923 092.80	238 106	3.88	1 170 511	278 984	4.20	0.32
茂名市	600 584.90	258 450	2.32	1 216 786	273 446	4.45	2.13
肇庆市	666 240.02	136 407	4.88	663 323	140 417	4.72	−0.16
清远市	667 985.00	136 754	4.88	694 558	148 397	4.68	−0.20
潮州市	268 972.50	96 419	2.79	412 817	100 639	4.10	1.31
揭阳市	446 391.00	199 104	2.24	574 382	217 759	2.64	0.40
云浮市	290 353.30	93 719	3.10	357 887	96 109	3.72	0.63

附录表1-10 广东省各地市幼儿园生均图书情况

单位：册

地区	2013年			2014年			
	图书数	在园数（人）	生均图书	图书数	在园数（人）	生均图书	生均增减
合计	24 802 296	3 545 757	6.99	30 341 044	3 793 381	8.00	1.00
城市	15 722 501	1 968 397	7.99	19 362 320	2 165 189	8.94	0.96
农村	9 079 795	1 577 360	5.76	10 978 724	1 628 192	6.74	0.99
珠江三角洲	15 508 186	1 855 440	8.36	18 283 229	1 975 374	9.26	0.90
东翼	2 511 475	513 964	4.89	3 507 594	551 991	6.35	1.47
西翼	2 703 109	585 046	4.62	3 665 060	651 746	5.62	1.00
山区	4 079 526	591 307	6.90	4 885 161	614 270	7.95	1.05
广州市	3 461 941	378 728	9.14	4 036 757	404 261	9.99	0.84
深圳市	2 754 206	368 937	7.47	4 026 376	399 014	10.09	2.63
珠海市	576 696	54 809	10.52	490 574	58 346	8.41	-2.11
汕头市	983 536	162 260	6.06	1 333 109	175 588	7.59	1.53
佛山市	2 036 256	236 542	8.61	2 446 009	251 361	9.73	1.12
韶关市	1 017 437	107 913	9.43	1 123 119	112 750	9.96	0.53
河源市	675 620	123 308	5.48	837 456	120 117	6.97	1.49
梅州市	1 009 135	129 613	7.79	1 085 099	136 897	7.93	0.14
惠州市	1 304 380	163 139	8.00	1 424 893	175 808	8.10	0.11
汕尾市	169 987	56 181	3.03	222 354	58 005	3.83	0.81
东莞市	2265 205	277 777	8.15	2 667 226	290 548	9.18	1.03
中山市	1028 388	110 688	9.29	1143 239	122 768	9.31	0.02
江门市	958 360	128 413	7.46	905 066	132 851	6.81	-0.65
阳江市	568 999	88 490	6.43	674 983	99 316	6.80	0.37
湛江市	1347 337	238 106	5.66	1 642 842	278 984	5.89	0.23
茂名市	786 773	258 450	3.04	1 347 235	273 446	4.93	1.88
肇庆市	1 122 754	136 407	8.23	1 143 089	140 417	8.14	-0.09
清远市	1 007 414	136 754	7.37	1 342 599	148 397	9.05	1.68
潮州市	441 509	96 419	4.58	765 965	100 639	7.61	3.03
揭阳市	916 443	199 104	4.60	1 186 166	217 759	5.45	0.84
云浮市	369 920	93 719	3.95	496 888	96 109	5.17	1.22

第二部分 义务教育有关表格

附录表2-1 广东省分地区小学招生情况

单位：人

地区	2013年			2014年		
	城市	农村	合计	城市	农村	合计
合计	814 084	686 389	1 500 473	864 268	672 447	1 536 715
珠江三角洲	607 387	192 046	799 433	632 612	193 046	825 658
东翼	80 030	166 093	246 123	93 342	148 010	241 352
西翼	73 390	156 016	229 406	77 756	156 238	233 994
山区	53 277	172 234	225 511	60 558	175 153	235 711
广州市	130 638	37 281	167 919	135 479	38 405	173 884
深圳市	147 097	—	147 097	162 498	—	162 498
珠海市	21 108	4191	25 299	23 573	4447	28 020
汕头市	40 436	43 992	84 428	42 888	43 692	86 580
佛山市	76 824	7599	84 423	77 783	8335	86 118
韶关市	11 733	24 351	36 084	11 958	24 166	36 124
河源市	10 445	39 183	49 628	10 367	40 535	50 902
梅州市	9200	43 805	53 005	10 409	46 520	56 929
惠州市	34 459	54 609	89 068	34 925	53 034	87 959
汕尾市	9151	32 346	41 497	8193	29 784	37 977
东莞市	116 315	10 922	127 237	114 361	10 678	125 039
中山市	31 192	16 103	47 295	33 341	16 727	50 068
江门市	33 617	19 076	52 693	33 528	19 097	52 625
阳江市	12 014	23 545	35 559	12 392	24 385	36 777
湛江市	33 568	63 028	96 596	35 644	63 480	99 124
茂名市	27 808	69 443	97 251	29 720	68 373	98 093
肇庆市	16 137	42 265	58 402	17 124	42 323	59 447
清远市	11 800	39 732	51 532	16 945	36 867	53 812
潮州市	6282	28 995	35 277	14 820	19 458	34 278
揭阳市	24 161	60 760	84 921	27 441	55 076	82 517
云浮市	10 099	25 163	35 262	10 879	27 065	37 944

附录表2-2　广东省分地区初中阶段招生情况

单位：人

地区	2013年			2014年		
	城市	农村	合计	城市	农村	合计
广东省	639 568	660 288	1 299 856	628 533	567 078	119 5611
珠江三角洲	428 853	155 192	584 045	416 525	141 146	557 671
东翼	83 766	180 659	264 425	85 326	146 784	232 110
西翼	79 049	177 830	256 879	76 186	146 704	222 890
山区	47 900	146 607	194 507	50 496	132 444	182 940
广州市	93 314	38 861	122 175	87 501	25 978	113 479
深圳市	91 523	—	91 523	90 897	—	90 897
珠海市	17 847	2939	20 786	16 728	2663	19 391
汕头市	43 820	43 303	87 123	39 997	38 051	78 048
佛山市	60 729	6210	66 939	58 024	6390	64 414
韶关市	11 654	20 396	32 050	10 894	20 494	31 388
河源市	7953	30 899	38 852	7943	28 727	36 670
梅州市	9168	39 427	48 595	9372	36 618	45 990
惠州市	26 456	36 163	62 619	25 674	35 320	60 994
汕尾市	10 990	38 273	49 263	9313	32 946	42 259
东莞市	71 264	2867	74 131	72 445	2926	75 371
中山市	23 257	11 445	34 702	22 908	10 835	33 743
江门市	30 701	18 170	48 871	29 458	15 996	45 454
阳江市	9570	18 641	28 211	9144	16 130	25 274
湛江市	41 964	77 235	119 199	38 231	59 731	97 962
茂名市	27 515	81 954	109 469	28 811	70 843	99 654
肇庆市	13 762	48 537	62 299	12 890	41 038	53 928
清远市	10 296	33 541	43 837	13 711	27 442	41 153
潮州市	5777	24 813	30 590	11 224	16 886	28 110
揭阳市	23 179	74 270	97 449	24 792	58 901	83 693
云浮市	8829	22 344	31 173	8576	19 163	27 739

附录表2–3　广东省分地区小学在校生情况

单位：人

地区	2013 年			2014 年		
	城市	农村	合计	城市	农村	合计
广东省	4 275 373	3 804 008	8 079 381	4 578 315	3 740 823	8 319 138
珠江三角洲	3 148 475	1 022 033	4 170 508	3 314 285	1 053 031	4 367 316
东翼	445 333	963 619	1 408 952	515 606	884 308	1 399 914
西翼	400 022	900 048	1 300 070	422 108	882 788	1 304 896
山区	281 543	918 308	1 199 851	326 316	920 696	1 247 012
广州市	670 711	188 552	859 263	701 415	198 657	900 072
深圳市	730 232	—	730 232	793 178	—	793 178
珠海市	109 442	22 135	131 577	116 961	23 632	140 593
汕头市	229 198	255 945	485 143	234 211	253 009	487 220
佛山市	424 068	39 599	463 667	433 020	41 362	474 382
韶关市	66 770	140 005	206 775	69 025	141 434	210 459
河源市	51 644	196 033	247 677	56 259	204 212	260 471
梅州市	49 424	240 447	289 871	55 326	243 645	298 971
惠州市	172 458	273 150	445 608	185 524	286 619	472 143
汕尾市	52 967	194 290	247 257	51 655	188 799	240 454
东莞市	600 626	58 512	659 138	626 333	60 936	687 269
中山市	170 938	86 601	257 539	178 108	89 799	267 907
江门市	184 894	110 851	295 745	189 550	109 772	299 322
阳江市	61 015	120 483	181 498	66 045	126 076	192 121
湛江市	185 461	365 100	550 561	194 405	355 123	549 528
茂名市	153 546	414 465	568 011	161 658	401 589	563 247
肇庆市	85 106	242 633	327 739	90 196	242 254	332 450
清远市	61 880	207 890	269 770	89 513	192 640	282 153
潮州市	31 573	152 561	184 134	77 092	110 366	187 458
揭阳市	131 595	360 823	492 418	152 648	332 134	484 782
云浮市	51 825	133 933	185 758	56 193	138 765	194 958

附录表2-4　广东省分地区初中阶段在校生情况

单位：人

地区	2013年			2014年		
	城市	农村	合计	城市	农村	合计
广东省	1 898 900	2 149 006	4 047 906	1 900 480	1 867 025	3 767 505
珠江三角洲	1 247 085	489 831	1 736 916	1 236 233	445 550	1 681 783
东翼	264 367	586 630	850 997	275 320	485 083	760 403
西翼	241 081	586 689	827 770	235 939	510 821	746 760
山区	146 367	485 856	632 223	152 988	425 571	578 559
广州市	277 403	92311	369 714	270 656	84 108	354 764
深圳市	258 096	—	258 096	263 893	—	263 893
珠海市	53 101	9355	62 456	51 848	8690	60 538
汕头市	138 690	138 432	277 122	129 015	123 143	252 158
佛山市	183 603	18 264	201 867	175 927	18 095	194 022
韶关市	36 490	66 439	102 929	34 594	62 167	96 761
河源市	22 983	99 401	122 384	23 269	91 510	114 779
梅州市	28 938	136 259	165 197	29 159	118 812	147 971
惠州市	77 735	112 664	190 399	76 902	105 150	182 052
汕尾市	36 411	122 372	158 783	32 282	107 797	140 079
东莞市	194 311	6933	201 244	199 066	7529	206 595
中山市	70 222	35 680	105 902	67 670	32 858	100 528
江门市	91 682	58 070	149 752	90 650	50 600	141 250
阳江市	28 296	61 355	89 651	27 698	53 780	81 478
湛江市	129 660	260 505	390 165	122 869	224 231	347 100
茂名市	83 125	264 829	347 954	85 372	232 810	318 182
肇庆市	40 932	156 554	197 486	39 621	138 520	178 141
清远市	30 251	108 333	138 584	39 902	88 201	128 103
潮州市	18 669	84 529	103 198	34 345	57 017	91 362
揭阳市	70 597	241 297	311 894	79 678	197 126	276 804
云浮市	27 705	75 424	103 129	26 064	64 881	90 945

附录表2-5 广东省分地区小学进城务工人员随迁子女来源情况(%)

地区	2013年			2014年		
	外省迁入	省内其他县迁入	合计	外省迁入	省内其他县迁入	合计
广东省	58.31	41.69	100	57.00	42.91	100
珠江三角洲	61.42	38.58	100	59.92	40.08	100
东翼	62.73	37.27	100	61.65	38.29	100
西翼	18.15	81.85	100	15.84	84.16	100
山区	36.96	63.04	100	36.96	61.45	100
广州市	57.35	42.65	100	53.55	46.45	100
韶关市	50.11	49.89	100	48.24	51.76	100
深圳市	49.91	50.09	100	50.04	49.96	100
珠海市	53.58	46.42	100	56.68	43.32	100
汕头市	57.98	42.02	100	58.45	41.55	100
佛山市	61.85	38.15	100	60.60	39.39	100
江门市	73.76	26.24	100	73.17	26.83	100
湛江市	11.93	88.07	100	11.93	88.07	100
茂名市	17.67	82.33	100	16.65	83.35	100
肇庆市	53.10	46.90	100	54.04	45.96	100
惠州市	59.89	40.11	100	54.84	45.16	100
梅州市	27.81	72.19	100	27.96	72.04	100
汕尾市	47.97	52.03	100	48.88	50.60	100
河源市	31.55	68.45	100	30.33	63.34	100
阳江市	44.12	55.88	100	27.77	72.23	100
清远市	40.74	59.26	100	41.34	58.64	100
东莞市	71.44	28.56	100	69.06	30.94	100
中山市	71.71	28.29	100	71.81	28.19	100
潮州市	76.20	23.80	100	71.51	28.49	100
揭阳市	70.60	29.40	100	65.54	34.37	100
云浮市	39.80	60.20	100	39.94	60.06	100

附录表2-6　广东省分地区初中阶段进城务工人员随迁子女来源情况(%)

地区	2013年			2014年		
	外省迁入	省内其他县迁入	合计	外省迁入	省内其他县迁入	合计
广东省	46.12	53.88	100	47.97	52.03	100
珠江三角洲	50.48	49.52	100	51.92	48.08	100
东翼	43.91	56.09	100	45.04	54.96	100
西翼	12.80	87.20	100	14.47	85.53	100
山区	29.70	70.30	100	33.72	66.28	100
广州市	45.91	54.09	100	44.57	55.43	100
韶关市	50.42	49.58	100	49.06	50.94	100
深圳市	39.77	60.23	100	41.00	59.00	100
珠海市	42.50	57.50	100	44.60	55.40	100
汕头市	39.83	60.17	100	45.60	54.40	100
佛山市	51.56	48.44	100	55.16	44.84	100
江门市	67.56	32.44	100	68.77	31.23	100
湛江市	10.18	89.82	100	9.84	90.16	100
茂名市	9.11	90.89	100	16.81	83.19	100
肇庆市	47.94	52.06	100	53.02	46.98	100
惠州市	48.20	51.80	100	48.51	51.49	100
梅州市	19.54	80.46	100	24.13	75.87	100
汕尾市	25.70	74.30	100	23.33	76.67	100
河源市	23.24	76.76	100	25.49	74.51	100
阳江市	32.69	67.31	100	28.68	71.32	100
清远市	28.82	71.18	100	38.48	61.52	100
东莞市	60.63	39.37	100	62.60	37.40	100
中山市	60.09	39.91	100	61.38	38.62	100
潮州市	72.52	27.48	100	50.32	49.68	100
揭阳市	55.09	44.91	100	53.91	46.09	100
云浮市	38.20	61.80	100	35.06	64.94	100

附录表2-7　广东省分地区小学生师比

地区	2013 年			2014 年		
	城市	农村	合计	城市	农村	合计
广东省	21.14:1	16.17:1	18.53:1	20.60:1	16.11:1	18.31:1
珠江三角洲	21.36:1	18.11:1	20.46:1	22.19:1	18.45:1	21.15:1
东翼	20.03:1	17.23:1	18.03:1	19.36:1	16.51:1	17.46:1
西翼	21.18:1	14.77:1	16.28:1	20.06:1	14.83:1	16.19:1
山区	20.56:1	14.82:1	15.86:1	19.49:1	15.08:1	16.03:1
广州市	19.59:1	17.40:1	19.06:1	19.54:1	17.29:1	19.00:1
深圳市	20.54:1	—	20.54:1	20.28:1	—	20.28:1
珠海市	22.69:1	17.78:1	21.68:1	21.90:1	18.92:1	21.33:1
汕头市	21.24:1	19.51:1	20.29:1	20.39:1	18.84:1	19.56:1
佛山市	21.73:1	19.74:1	21.54:1	21.44:1	18.57:1	21.16:1
韶关市	21.62:1	13.97:1	15.77:1	20.36:1	14.73:1	16.20:1
河源市	22.42:1	14.29:1	15.46:1	19.05:1	14.86:1	15.60:1
梅州市	17.36:1	14.32:1	14.76:1	17.45:1	14.99:1	15.39:1
惠州市	22.70:1	18.33:1	19.81:1	21.87:1	18.77:1	19.88:1
汕尾市	15.37:1	15.79:1	15.70:1	15.19:1	15.56:1	15.48:1
东莞市	24.90:1	22.88:1	24.70:1	24.13:1	22.35:1	23.96:1
中山市	21.01:1	21.78:1	21.26:1	20.15:1	20.90:1	20.40:1
江门市	19.50:1	16.56:1	18.28:1	19.72:1	16.96:1	18.61:1
阳江市	20.56:1	13.22:1	15.02:1	18.66:1	13.79:1	15.15:1
湛江市	21.71:1	13.91:1	15.82:1	20.17:1	14.24:1	15.89:1
茂名市	20.82:1	16.20:1	17.24:1	20.56:1	15.80:1	16.93:1
肇庆市	21.53:1	17.05:1	18.02:1	20.47:1	17.06:1	17.87:1
清远市	21.60:1	16.18:1	17.17:1	21.00:1	15.61:1	16.99:1
潮州市	20.64:1	18.17:1	18.55:1	21.17:1	16.05:1	17.82:1
揭阳市	20.34:1	16.32:1	17.23:1	18.96:1	15.78:1	16.66:1
云浮市	20.03:1	15.57:1	16.60:1	19.04:1	15.84:1	16.65:1

附录表 2-8 广东省分地区初中阶段生师比

地区	2013 年			2014 年		
	城市	农村	合计	城市	农村	合计
广东省	15.33:1	14.05:1	14.66:1	14.42:1	12.73:1	13.53:1
珠江三角洲	15.06:1	13.58:1	14.61:1	14.48:1	12.73:1	13.97:1
东翼	16.12:1	16.34:1	16.27:1	14.24:1	14.35:1	14.31:1
西翼	17.39:1	15.53:1	16.03:1	15.18:1	13.90:1	14.28:1
山区	13.55:1	11.25:1	11.71:1	13.22:1	10.34:1	10.97:1
广州市	13.91:1	12.73:1	13.60:1	13.22:1	11.63:1	12.80:1
深圳市	14.34:1	—	14.34:1	13.98:1	—	13.98:1
珠海市	16.10:1	11.72:1	15.24:1	15.05:1	10.88:1	14.26:1
汕头市	16.76:1	17.03:1	16.89:1	14.60:1	15.10:1	14.84:1
佛山市	15.09:1	13.75:1	14.96:1	14.20:1	13.11:1	14.09:1
韶关市	15.17:1	10.48:1	11.77:1	13.97:1	10.27:1	11.34:1
河源市	14.45:1	11.07:1	11.58:1	14.06:1	10.22:1	10.82:1
梅州市	11.56:1	10.97:1	11.07:1	10.90:1	10.09:1	10.24:1
惠州市	15.83:1	14.01:1	14.70:1	16.16:1	12.95:1	14.14:1
汕尾市	16.64:1	16.41:1	16.46:1	14.32:1	14.54:1	14.49:1
东莞市	17.70:1	20.88:1	17.80:1	17.31:1	21.21:1	17.42:1
中山市	15.21:1	14.69:1	15.03:1	14.14:1	13.19:1	13.81:1
江门市	14.81:1	11.97:1	13.56:1	14.47:1	11.66:1	13.32:1
阳江市	14.81:1	11.25:1	12.17:1	13.56:1	10.89:1	11.67:1
湛江市	19.13:1	17.05:1	17.69:1	15.88:1	14.85:1	15.20:1
茂名市	16.08:1	15.55:1	15.67:1	14.82:1	13.99:1	14.21:1
肇庆市	15.19:1	14.19:1	14.39:1	14.48:1	13.46:1	13.67:1
清远市	13.51:1	11.59:1	11.96:1	14.42:1	10.57:1	11.53:1
潮州市	12.93:1	14.21:1	13.96:1	14.16:1	12.13:1	12.82:1
揭阳市	15.70:1	16.80:1	16.54:1	14.00:1	14.66:1	14.47:1
云浮市	13.42:1	12.37:1	12.63:1	13.03:1	11.23:1	11.69:1

附录表2-9 广东省分地区义务教育高一级学历教师比例（%）

地区	小学			初中		
	城市	农村	合计	城市	农村	合计
广东省	97.18	89.65	93.33	85.03	70.08	77.15
珠江三角洲	98.40	92.75	96.88	89.85	86.31	88.82
东翼	91.60	85.16	87.30	70.40	54.04	59.99
西翼	96.45	92.71	93.69	79.35	71.78	74.03
山区	95.49	87.64	89.33	81.55	67.93	70.92
广州市	98.55	94.53	97.57	90.89	87.26	89.94
深圳市	99.39	—	99.39	87.95	—	87.95
珠海市	99.14	94.65	98.28	92.28	85.23	90.99
汕头市	89.25	84.95	86.93	72.26	54.78	63.87
佛山市	98.56	95.64	98.27	94.41	92.83	94.25
韶关市	94.81	85.53	87.95	80.78	67.11	71.08
河源市	95.46	89.93	90.90	84.11	63.29	66.54
梅州市	95.11	86.24	87.68	80.07	69.62	71.52
惠州市	94.31	89.79	91.40	86.95	87.75	87.46
汕尾市	80.62	71.63	73.60	54.32	53.56	53.74
东莞市	98.15	97.84	98.12	85.09	62.82	84.42
中山市	99.09	98.25	98.82	91.73	87.43	90.26
江门市	97.43	92.20	95.32	90.85	85.25	88.56
阳江市	99.10	98.73	98.83	84.78	85.54	85.32
湛江市	94.90	89.52	91.02	77.21	63.44	68.11
茂名市	97.15	93.68	94.50	80.30	75.20	76.51
肇庆市	96.66	91.48	92.71	90.68	84.69	85.95
清远市	96.97	88.13	90.40	85.00	73.87	76.64
潮州市	97.86	87.30	90.98	78.58	56.85	64.39
揭阳市	96.70	92.39	93.58	70.22	52.86	58.03
云浮市	94.57	88.27	89.83	77.61	63.89	67.42

附录表2-10　广东省分地区义务教育中级及以上职称教师比例（%）

地区	小学			初中		
	城市	农村	合计	城市	农村	合计
广东省	55.28	69.65	62.50	60.32	61.43	60.90
珠江三角洲	50.91	69.36	56.01	59.00	64.36	60.56
东翼	67.02	62.95	64.30	59.47	50.70	53.89
西翼	74.77	65.05	67.59	57.47	55.44	56.04
山区	79.01	80.38	80.09	75.29	73.10	73.58
广州市	53.11	62.22	55.32	58.98	66.32	60.89
深圳市	36.16	—	36.16	48.42	—	48.42
珠海市	52.80	82.86	58.58	65.06	77.85	67.40
汕头市	64.51	54.26	58.98	53.76	43.56	48.86
佛山市	65.98	63.27	65.72	71.07	67.61	70.72
韶关市	90.38	86.54	87.54	85.74	80.24	81.84
河源市	56.15	80.41	76.12	62.60	79.16	76.58
梅州市	90.85	74.97	77.55	78.65	71.16	72.52
惠州市	51.87	68.45	62.53	63.65	61.27	62.15
汕尾市	65.10	56.00	57.99	67.41	47.25	51.95
东莞市	44.48	48.78	44.89	49.04	19.44	48.16
中山市	46.03	50.95	47.64	60.01	63.35	61.15
江门市	78.08	84.35	80.60	73.59	71.61	72.78
阳江市	79.17	82.27	81.41	63.88	73.08	70.42
湛江市	73.65	61.88	65.16	50.68	48.36	49.15
茂名市	74.16	61.93	64.82	64.31	56.54	58.54
肇庆市	66.84	77.29	74.81	68.14	62.67	63.82
清远市	76.44	85.33	83.05	73.33	70.96	71.55
潮州市	67.48	75.04	72.41	63.01	59.83	60.93
揭阳市	71.20	68.52	69.26	63.60	53.67	56.62
云浮市	79.83	76.84	77.58	71.06	63.35	65.33

附录表2-11 广东省分地区小学生均仪器设备值

单位：元

地区	2013年			2014年		
	城市	农村	合计	城市	农村	合计
广东省	2068.41	957.72	1545.47	1483.47	989.11	1261.17
珠江三角洲	2502.78	1532.55	2265.01	1732.82	1365.27	1644.20
东翼	816.18	635.53	692.63	804.74	833.30	822.78
西翼	784.08	685.54	715.86	684.28	751.94	730.05
山区	1016.48	922.81	944.79	1057.13	935.94	967.66
广州市	2371.09	2158.31	2324.47	1823.53	2018.76	1866.62
深圳市	3455.51	—	3455.51	2100.69	—	2100.69
珠海市	2726.76	2063.25	2615.14	1421.24	2147.09	1543.25
汕头市	991.37	484.05	723.72	678.88	590.97	633.23
佛山市	2342.51	1848.03	2300.28	2126.35	1768.53	2095.15
韶关市	937.42	928.06	931.08	1164.36	861.74	960.99
河源市	1676.67	659.07	871.26	1515.31	706.37	881.10
梅州市	887.03	836.19	844.86	868.49	954.83	938.85
惠州市	1683.54	1413.00	1517.70	1320.04	1112.56	1194.09
汕尾市	596.68	594.87	595.32	597.23	519.97	536.57
东莞市	2435.08	2050.82	2100.97	1372.86	1764.80	1407.61
中山市	1940.01	1865.09	1914.82	1584.10	1508.93	1558.90
江门市	1403.27	1594.98	1475.12	1209.87	1498.93	1315.87
阳江市	854.87	659.60	725.24	517.83	615.98	582.24
湛江市	809.25	659.79	710.14	722.87	718.09	719.78
茂名市	725.55	715.77	718.41	705.87	824.55	790.49
肇庆市	1533.46	808.76	996.52	1048.49	768.94	844.79
清远市	997.25	1252.30	1193.79	836.41	971.76	928.82
潮州市	965.08	743.14	781.19	1133.45	1344.44	1257.67
揭阳市	563.55	719.37	677.73	902.08	1026.15	987.08
云浮市	606.85	947.39	852.38	1004.04	1266.53	1190.87

附录表2-12　广东省分地区初中阶段生均仪器设备值

单位：元

地区	2013年			2014年		
	城市	农村	合计	城市	农村	合计
广东省	4166.47	1506.30	2754.20	2725.20	1411.96	2074.41
珠江三角洲	5220.11	2416.73	4429.66	3555.58	2379.91	3244.11
东翼	2000.18	1072.80	1360.90	1143.40	1039.76	1077.28
西翼	1979.46	1031.09	1307.30	830.05	887.65	869.45
山区	2703.39	1685.66	1921.08	1784.58	1452.17	1540.07
广州市	5604.48	3310.49	5031.74	3085.39	3296.36	3135.41
深圳市	7954.21	—	7954.21	5764.91	—	5764.91
珠海市	4855.09	1564.94	4362.27	2608.78	2683.54	2619.51
汕头市	2303.19	876.53	1590.53	992.37	1061.53	1026.14
佛山市	3673.48	2585.32	3575.03	3239.41	2344.85	3155.98
韶关市	3066.62	1640.96	2146.38	2906.28	1764.92	2172.98
河源市	2303.01	1171.42	1383.92	2698.87	1280.52	1568.06
梅州市	2328.60	1670.94	1786.15	1116.98	1090.80	1095.96
惠州市	3842.80	2619.15	3118.73	2660.40	2566.52	2606.18
汕尾市	1367.17	1042.82	1117.20	655.16	681.56	675.48
东莞市	3063.31	3692.36	4893.73	3517.23	3366.98	3511.75
中山市	3669.46	2916.92	3415.92	2701.34	3331.91	2907.45
江门市	2926.19	2671.39	2827.39	2005.30	2281.42	2104.21
阳江市	1426.35	1278.46	1325.14	1067.23	1267.39	1199.34
湛江市	2077.47	826.14	1241.98	655.01	714.53	693.46
茂名市	2014.88	1175.39	1375.94	1005.01	966.67	976.96
肇庆市	4551.90	1510.34	2140.75	1631.21	1423.84	1469.96
清远市	2238.27	1982.41	2038.26	1384.39	1819.71	1684.11
潮州市	1405.10	1208.04	1243.69	1981.37	1316.62	1566.52
揭阳市	1888.75	1153.23	1319.71	1224.55	1141.96	1165.73
云浮市	3452.03	2003.11	2392.35	839.09	1556.70	1351.04

附录表2-13 广东省分地区小学寄宿生生均住宿面积

单位：平方米

地区	2013年			2014年		
	城市	农村	合计	城市	农村	合计
广东省	20.98	11.53	15.36	5.59	5.50	5.54
珠江三角洲	20.20	17.05	19.39	6.40	7.16	6.59
东翼	31.52	25.61	29.07	2.50	2.37	2.45
西翼	17.12	10.36	11.37	4.81	5.18	5.11
山区	24,37	9.08	11.00	3.03	5.46	5.11
广州市	25.79	42.26	27.39	5.75	22.86	7.28
深圳市	58.67	—	58.67	1.65	—	1.65
珠海市	269.06	65.24	275.99	7.76	44.06	12.55
汕头市	42.87	25.79	35.78	0.12	0.38	0.19
佛山市	12.58	19.45	12.83	9.31	6.22	9.04
韶关市	65.20	10.79	11.53	15.58	6.26	6.48
河源市	43.04	9.64	12.24	1.14	5.73	5.22
梅州市	125.43	11.03	8.58	0.00	3.77	3.76
惠州市	41.24	17.81	21.84	12.41	4.44	5.99
汕尾市	—	24.48	32.47	—	2.12	2.84
东莞市	16.14	382.08	16.72	6.00	54.51	6.29
中山市	13.93	17.16	15.98	2.76	3.90	2.91
江门市	61.94	140.67	95.05	10.15	52.88	15.51
阳江市	37.28	8.96	13.21	14.00	3.59	4.01
湛江市	17.25	11.52	14.03	3.08	7.82	6.79
茂名市	12.89	9.09	10.32	4.76	5.12	5.05
肇庆市	28.19	11.16	12.82	0.67	6.44	5.56
清远市	30.06	12.71	14.86	2.57	5.62	4.89
潮州市	—	28.11	21.44	11.10	5.22	8.48
揭阳市	14.85	39.22	19.43	3.13	5.02	3.48
云浮市	5.33	5.07	5.68	2.97	4.77	4.34

附录表2-14　广东省分地区初中阶段寄宿生生均住宿面积

单位：平方米

地区	2013 年			2014 年		
	城市	农村	合计	城市	农村	合计
广东省	15.87	8.14	10.74	6.64	5.43	5.88
珠江三角洲	15.87	9.61	13.46	10.56	6.36	9.51
东翼	23.83	18.89	20.83	19.80	16.11	23.26
西翼	14.90	6.89	8.08	7.41	4.97	5.41
山区	13.68	7.57	8.45	16.83	10.22	10.10
广州市	22.00	14.90	17.97	9.22	9.07	9.16
深圳市	70.54	—	70.54	8.32	—	8.32
珠海市	55.06	18.60	46.62	19.64	18.60	19.31
汕头市	24.48	13.30	19.46	5.38	4.61	5.09
佛山市	9.65	11.82	9.53	7.74	7.25	7.68
韶关市	0.91	11.40	9.66	8.08	9.13	8.94
河源市	10.10	6.95	6.36	14.60	10.96	11.55
梅州市	84.39	13.24	11.09	9.96	5.55	5.72
惠州市	22.04	8.35	13.13	5.89	3.85	6.50
汕尾市	43.61	22.18	23.97	23.92	7.02	51.42
东莞市	12.73	39.08	13.50	14.87	60.52	15.66
中山市	14.90	15.45	14.91	18.21	19.28	18.48
江门市	9.78	6.92	8.26	5.28	5.03	5.16
阳江市	18.45	7.76	8.83	27.60	9.03	12.64
湛江市	13.75	6.15	6.91	3.27	3.89	3.78
茂名市	15.26	6.98	8.91	6.21	5.03	5.25
肇庆市	33.26	9.51	11.40	8.50	5.75	6.04
清远市	16.35	8.26	9.02	24.95	26.80	13.02
潮州市	13.69	28.30	19.29	35.24	38.21	36.79
揭阳市	20.96	14.76	21.54	38.43	22.14	28.02
云浮市	13.42	5.69	7.35	14.36	6.83	8.54

附录表2–15 广东省分地区小学大班额比例 (%)

地区	2013 年			2014 年		
	城市	农村	合计	城市	农村	合计
广东省	13.34	3.66	7.97	9.51	1.89	5.49
珠江三角洲	11.14	3.09	8.87	10.14	4.47	8.57
东翼	16.77	8.05	10.34	4.91	2.26	3.10
西翼	22.89	2.19	6.58	11.66	0.03	2.95
山区	19.52	1.75	4.72	8.28	1.01	2.68
广州市	0.38	0.31	0.36	0.20	0.12	0.18
深圳市	15.53	0	15.53	12.90	—	12.90
珠海市	12.94	6.55	11.73	10.02	3.78	8.86
汕头市	13.47	6.45	9.49	7.53	0.10	3.32
佛山市	3.16	0.42	2.91	2.90	0.00	2.63
韶关市	20.27	0.75	5.67	19.36	3.07	7.33
河源市	14.69	4.51	5.87	20.15	2.08	4.66
梅州市	15.65	0.4	2.24	0.00	0.00	0.00
惠州市	34.13	6.84	15.58	33.71	7.88	16.44
汕尾市	23.08	18.71	19.49	9.39	10.55	10.33
东莞市	19.45	12.15	18.78	17.44	34.04	18.94
中山市	10.33	5.39	8.64	5.31	2.92	4.50
江门市	9.69	0.39	5.77	9.15	0.68	5.68
阳江市	0	1.49	1.13	0.00	0.02	0.02
湛江市	34.86	3.36	10.08	12.17	0.04	3.28
茂名市	19	1.22	4.78	16.16	0.02	3.61
肇庆市	14.3	0	3.03	29.88	1.28	7.11
清远市	24.73	1.21	5.28	4.63	0.42	1.46
潮州市	28.57	2.9	6.13	0.00	0.00	0.00
揭阳市	16.92	5.53	7.98	2.29	0.00	0.61
云浮市	20.9	1.27	5.16	0.00	0.00	0.00

附录表2–16　广东省分地区初中阶段大班额比例（%）

地区	2013 年			2014 年		
	城市	农村	合计	城市	农村	合计
广东省	13.96	11.74	12.79	7.04	1.97	4.50
珠江三角洲	10.07	3.01	8.06	7.24	2.63	5.99
东翼	22.24	23.63	23.2	4.53	4.23	4.34
西翼	27.99	15.73	19.2	11.56	0.52	3.89
山区	13.87	3.77	6.01	3.26	0.54	1.22
广州市	0.91	0.79	0.88	0.28	0.40	0.31
深圳市	6.99	0	6.99	6.12	—	6.12
珠海市	16.74	6.37	15.1	9.07	0.00	7.69
汕头市	16.8	9.58	13.15	4.17	0.19	2.19
佛山市	3.46	0.24	3.15	1.14	1.10	1.14
韶关市	13.55	1.26	5.34	4.77	1.78	2.78
河源市	8.92	9.43	9.33	8.13	1.01	2.37
梅州市	14.53	1.16	3.42	4.98	0.00	0.95
惠州市	41.13	7.89	20.53	29.51	6.59	15.64
汕尾市	58.54	49.63	51.61	23.66	16.60	18.19
东莞市	20.86	15.71	20.68	17.87	26.97	18.20
中山市	14.72	7.08	12.09	5.48	6.67	5.88
江门市	9.37	1.76	6.32	5.51	0.62	3.69
阳江市	0.52	3.33	2.46	0.66	0.00	0.22
湛江市	43.77	27.32	32.58	12.52	0.96	4.87
茂名市	15.43	7.85	9.65	14.06	0.21	3.82
肇庆市	12.37	0	2.59	10.75	0.03	2.39
清远市	2.64	1.44	1.69	0.00	0.29	0.21
潮州市	23.16	10.11	12.44	0.00	0.00	0.00
揭阳市	16.15	24.73	22.76	0.00	1.73	1.24
云浮市	32.12	7.04	13.33	0.00	0.00	0.00

第三部分 高中阶段教育有关表格

附录表3-1 广东省分地市高中阶段规模发展情况

单位：人

地区	招生			在校生		
	2013 年	2014 年	增长（%）	2013 年	2014 年	增长（%）
广东省	1 204 227	1 210 337	0.51	3 651 947	3 422 398	-6.29
珠江三角洲	501 179	577 536	15.24	1 457 329	1 454 010	-0.23
东翼	260 806	233 773	-10.37	823 412	746 258	-9.37
西翼	240 387	212 696	-11.52	715 195	647 913	-9.41
山区	201 572	184 456	-8.49	656 011	574 217	-12.47
广州市	146 934	157 943	7.49	417 806	423 540	1.37
深圳市	51 713	67 326	30.19	147 257	151 667	2.99
珠海市	16 574	20 409	23.14	53 147	51 764	-2.60
汕头市	85 509	78 373	-8.35	287 074	246 120	-14.27
佛山市	63 627	79 292	24.62	191 243	190 069	-0.61
韶关市	32 042	28 218	-14.14	99 208	91 809	-7.46
河源市	33 574	35 137	4.66	106 060	101 703	-4.11
梅州市	60 135	53 384	-11.23	187 742	171 704	-8.54
惠州市	55 107	57 160	3.73	161 916	156 022	-3.64
汕尾市	38 108	32 396	-14.99	129 407	113 706	-12.13
东莞市	43 657	57 472	31.64	124 955	128 273	2.66
中山市	24 861	33 821	36.04	71 472	72 146	0.94
江门市	46 331	50 107	8.15	134 080	128 143	-4.43
阳江市	26 792	23 529	-12.18	85 669	74 283	-13.29
湛江市	111 841	100 771	-9.90	314 602	297 440	-5.46
茂名市	101 754	88 396	-13.13	314 924	276 190	-12.30
肇庆市	52 375	54 006	3.11	155 453	152 386	-1.97
清远市	43 070	38 889	-9.71	124 605	118 241	-5.11
潮州市	31 498	27 828	-11.65	103 333	86 668	-16.13
揭阳市	105 691	95 176	-9.95	319 205	299 764	-6.09
云浮市	32 752	28 828	-11.98	95 982	90 760	-5.44

附录表3-2　广东省分地市普通高中规模发展情况

单位：人

地区	招生			在校生		
	2013年	2014年	增长（%）	2013年	2014年	增长(%)
广东省	730 784	793 290	8.55	2 204 473	2 140 193	−2.92
珠江三角洲	280 653	352 735	25.68	829 480	825 654	−0.46
东翼	162 334	159 431	−1.79	494 912	470 856	−4.86
西翼	157 063	150 620	−4.10	480 579	462 039	−3.86
山区	130 734	130 504	−0.18	399 502	381 644	−4.47
广州市	60 452	69 293	14,62	177 227	178 106	0.50
深圳市	39 637	53 698	35.47	113 639	114 797	1.02
珠海市	9501	12 572	32.32	31 430	30 008	−4.52
汕头市	55 810	58 758	5.28	177 221	160 793	−9.27
佛山市	38 447	53 224	38.43	113 746	113 747	0.00
韶关市	22 882	22 882	0.00	64 125	63 917	−0.32
河源市	24 017	26 337	9.66	73 345	70 632	−3.70
梅州市	39 927	37 780	−5.38	124 487	115 909	−6.89
惠州市	33 025	34 984	5.93	96 918	94 257	−2.75
汕尾市	27 445	26 873	−2.08	86 886	82 783	−4.72
东莞市	26 039	38 058	46.16	77 045	78 053	1.31
中山市	15 332	25 654	67.32	46 733	46 957	0.48
江门市	28 777	33 458	16.27	84 532	81 702	−3.35
阳江市	19 453	17 080	−12.20	63 587	56 507	−11.13
湛江市	66 222	64 496	−2.61	198 448	193 675	−2.41
茂名市	71 388	69 044	−3.28	218 544	211 857	−3.06
肇庆市	29 443	31 794	7.98	88 210	88 027	−2.07
清远市	25 620	25 507	−0.44	79 605	75 688	−4.92
潮州市	24 864	21 272	−14.45	77 779	66 222	−14.86
揭阳市	54 215	52 528	−3.11	168 633	161 058	−4.49
云浮市	19 111	17 998	−5.82	57 940	55 498	−4.21

附录表3–3 广东省分地市中等职业教育规模发展情况

单位：人

地区	招生			在校生		
	2013 年	2014 年	增长（%）	2013 年	2014 年	增长（%）
广东省	473 443	417 047	–11.91	1 447 474	1 282 205	–11.42
珠江三角洲	220 526	224 801	1.94	627 849	628 356	0.08
东翼	98 472	74 342	–24.50	328 500	275 402	–16.16
西翼	83 324	62 076	–25.50	234 616	185 874	–20.78
山区	70 839	55 828	–21.19	256 509	192 573	–24.93
广州市	86 482	88 650	2.51	240 579	245 434	2.02
深圳市	12 076	13 628	12.85	33 618	36 870	9.67
珠海市	7073	7837	10.80	21 717	21 756	0.18
汕头市	29 699	19 615	–33.95	109 853	85 327	–22.33
佛山市	25 180	26 068	3.53	77 497	76 322	–1.52
韶关市	9983	7212	–27.76	35 083	27 892	–20.50
河源市	9557	8800	–7.92	32 715	31 071	–5.03
梅州市	20 208	15 604	–22.78	63 255	55 795	–11.79
惠州市	22 082	22 176	0.43	64 998	61 765	–4.97
汕尾市	10 663	5523	–48.20	42 521	30 923	–27.28
东莞市	17 618	19 414	10.19	47 910	50 220	4.82
中山市	9529	8167	–14.29	24 739	25 189	1.82
江门市	17 554	16 649	–5.16	49 548	46 441	–6.27
阳江市	7339	6449	–12.13	22 082	17 776	–19.50
湛江市	45 619	36 275	–20.48	116 154	103 765	–10.67
茂名市	30 366	19 352	–36.27	96 380	64 333	–33.25
肇庆市	22 932	22 212	–3.14	67 243	64 359	–4.29
清远市	17 450	13 382	–23.31	45 000	42 553	–5.44
潮州市	6634	6556	–1.18	25 554	20 446	–19.99
揭阳市	51 476	42 648	–17.15	150 572	138 706	–7.88
云浮市	13 641	10 830	–20.61	38 042	35 262	–7.31

附录表3-4　广东省分地市普通高中专任教师配备情况

地区	生师比			本科及以上教师比例（%）		
	2013年	2014年	增减	2013年	2014年	增减
广东省	15.23:1	14.43:1	-0.80	96.12	97.82	1.70
珠江三角洲	13.86:1	13.52:1	-0.34	98.90	99.25	0.35
东翼	17.36:1	15.50:1	-1.86	93.46	95.83	2.37
西翼	16.54:1	15.62:1	-0.92	94.61	97.13	2.52
山区	14.59:1	13.96:1	-0.63	94.44	97.57	3.31
广州市	13.03:1	12.91:1	-0.12	99.32	99.63	0.31
深圳市	12.55:1	12.15:1	-0.40	98.44	99.03	0.59
珠海市	13.94:1	13.17:1	-0.77	98.71	99.34	0.63
汕头市	17.27:1	16.26:1	-1.01	94.78	95.67	0.89
佛山市	13.96:1	13.52:1	-0.44	99.47	99.52	0.05
韶关市	14.84:1	14.56:1	-0.28	96.11	96.45	0.34
河源市	13.91:1	13.14:1	-0.77	92.89	94.21	1.32
梅州市	14.50:1	13.75:1	-0.75	91.83	99.42	7.59
惠州市	15.83:1	15.01:1	-0.82	98.12	98.50	0.38
汕尾市	16.64:1	16.32:1	-0.32	92.53	92.96	0.43
东莞市	15.07:1	14.75:1	-0.32	99.00	99.45	0.45
中山市	13.99:1	14.02:1	0.03	99.46	99.61	0.15
江门市	14.34:1	14.01:1	-0.33	98.51	98.66	0.15
阳江市	15.74:1	13.97:1	-1.77	96.73	99.56	2.83
湛江市	17.07:1	16.60:1	-0.47	95.17	97.29	2.12
茂名市	16.33:1	15.28:1	-1.05	93.47	96.28	2.81
肇庆市	14.00:1	13.81:1	-0.19	98.70	99.31	0.61
清远市	14.38:1	14.05:1	-0.33	97.92	98.79	0.87
潮州市	18.61:1	15.33:1	-3.28	88.88	100.00	11.12
揭阳市	17.31:1	14.51:1	-2.80	94.65	95.66	1.01
云浮市	15.81:1	14.76:1	-1.05	95.53	97.79	2.26

附录表3–5 广东省分地市中等职业学校（机构）教师配备情况

地区	生师比		
	2013 年	2014 年	增减（%）
广东省	30.92:1	28.36:1	–8.28
珠江三角洲	24.44:1	24.32:1	–0.49
东翼	60.19:1	49.07:1	–18.47
西翼	35.83:1	28.90:1	–19.34
山区	27.65:1	26.28:1	–4.95
广州市	30.97:1	30.79:1	–0.58
韶关市	20.49:1	16.78:1	–18.11
深圳市	16.24:1	16.18:1	–0.37
珠海市	24.08:1	23.96:1	–0.50
汕头市	71.24:1	52.90:1	–25.74
佛山市	19.52:1	19.40:1	–0.61
江门市	21.55:1	20.73:1	–3.81
湛江市	34.58:1	30.99:1	–10.38
茂名市	37.44:1	25.99:1	–30.58
肇庆市	25.69:1	25.61:1	–0.31
惠州市	27.26:1	27.11:1	–0.55
梅州市	30.75:1	30.71:1	–0.13
汕尾市	50.32:1	41.12:1	–18.28
河源市	26.88:1	25.94:1	–3.50
阳江市	35.91:1	29.19:1	–18.71
清远市	27.31:1	26.65:1	–2.42
东莞市	21.59:1	22.49:1	4.17
中山市	16.89:1	16.95:1	0.36
潮州市	32.35:1	22.72:1	–29.77
揭阳市	66.01:1	59.07:1	–10.51
云浮市	34.42:1	33.42:1	–2.91

附录表3–6　广东省分地市普通高中仪器设备配备情况

单位：万元

地区	普通高中仪器配备总值		
	2013 年	2014 年	增减（%）
广东省	679 653.00	850 394.00	25.12
珠江三角洲	417 514.74	539 470.00	29.21
东翼	99 501.04	121 632.00	22.24
西翼	83 708.93	93 187.00	11.32
山区	78 928.29	96 105.00	21.76
广州市	116 600.20	174 631.00	49.77
深圳市	96 732.40	135 565.00	40.14
珠海市	13 710.00	14 721.00	7.37
汕头市	44 321.00	49 218.00	11.05
佛山市	46 188.10	51 045.00	10.52
韶关市	13 458.18	18 234.00	35.49
河源市	12 040.00	13 844.00	14.98
梅州市	25 071.60	27 680.00	10.40
惠州市	28 773.00	33 325.00	15.82
汕尾市	15 614.70	14 904.00	–4.05
东莞市	51 841.94	47 958.00	–7.49
中山市	13 619.91	28 178.00	106.89
江门市	27 586.03	29 114.00	5.54
阳江市	9630.00	9850.00	2.28
湛江市	35 889.12	41 362.00	15.25
茂名市	38 189.81	41 975.00	9.91
肇庆市	22 463.16	24 933.00	11.00
清远市	16 272.00	20 737.00	27.44
潮州市	8440.00	17 538.00	107.80
揭阳市	31 125.34	39 972.00	28.42
云浮市	12 086.51	15 610.00	29.15

附录表3-7　广东省分地市普通高中信息化水平

地区	生均电子图书（GB）			每百名学生拥有教学用计算机（台）		
	2013 年	2014 年	增减（%）	2013 年	2014 年	增减(%)
广东省	1.19	1.20	0.84	15.36	19.14	24.61
珠江三角洲	2.21	1.72	−22.17	23.77	25.68	8.04
东翼	0.60	0.69	15.00	9.51	14.88	56.47
西翼	0.98	1.64	67.35	9.33	14.64	56.91
山区	0.11	0.13	18.18	12.42	15.67	26.17
广州市	1.51	3.76	149.01	29.10	30.71	5.53
深圳市	1.20	1.80	50.00	12.80	37.49	192.89
珠海市	12.21	12.88	5.49	33.90	17.42	−48.61
汕头市	0.06	0.10	66.67	16.90	12.92	−23.55
佛山市	2.87	3.79	32.06	11.30	24.64	118.05
韶关市	0.12	0.13	8.33	23.70	13.24	−44.14
河源市	0.26	0.22	−15.38	21.00	14.01	−33.29
梅州市	0.09	0.22	144.44	9.10	18.34	101.54
惠州市	0.03	1.63	5333.33	9.10	18.25	100.55
汕尾市	0.21	0.15	28.57	13.70	9.04	−34.01
东莞市	1.43	1.70	18.08	13.80	23.49	70.22
中山市	12.38	10.90	−11.96	15.60	26.79	71.73
江门市	0.10	0.13	30.00	8.60	23.12	168.84
阳江市	0.30	0.38	26.67	10.50	18.23	73.62
湛江市	0.35	2.44	597.54	11.00	13.80	25.45
茂名市	1.74	1.80	3.45	11.40	14.45	26.75
肇庆市	0.16	0.20	25.00	22.50	15.93	−29.20
清远市	0.03	0.04	33.33	30.50	13.19	−56.75
潮州市	3.34	7.64	128.74	8.6	25.43	195.70
揭阳市	0.05	0.06	20.00	8.70	15.51	78.28
云浮市	0.03	0.18	500.00	9.00	18.36	104.00

附录表3-8　广东省分地市中等职业学校（机构）办学条件（一）

地区	生均校舍建筑面积（平方米）			生均教学、实习仪器设备资产值（元）		
	2013年	2014年	增长率（%）	2013年	2014年	增长率（%）
广东省	12.07	13.33	10.44	6383.08	7445.44	16.64
珠江三角洲	15.12	15.46	2.25	11 222.91	11 814.40	5.27
东翼	5.65	6.71	18.76	1435.34	1939.27	35.11
西翼	11.76	14.61	24.23	2731.74	3752.86	37.38
山区	13.37	14.61	9.27	3252.79	4628.32	42.29
广州市	11.97	12.54	4.76	19 990.44	20 261.78	1.36
深圳市	22.38	21.72	–2.95	11 233.57	11 015.73	–1.94
珠海市	14.4	14.8	2.78	5818.94	6385.36	9.73
汕头市	6.1	7.98	30.82	1344.16	1906.90	41.87
佛山市	19.38	19.95	2.94	7384.54	8338.49	12.92
韶关市	22.04	26.6	20.69	5895.45	8024.88	36.12
河源市	12.46	13.12	5.3	2007.34	2188.86	9.04
梅州市	12.12	13.99	15.43	3740.10	4473.16	19.60
惠州市	12.99	13.11	0.92	2371.30	2963.98	24.99
汕尾市	6.33	8.61	36.02	780.32	1593.31	104.19
东莞市	21.29	21.8	2.4	7471.09	7855.83	5.15
中山市	18.52	17.23	–7.0	7484.54	7990.00	6.75
江门市	15.6	16.07	3.01	4627.84	5307.38	14.68
阳江市	10.76	15.29	42.1	7401.05	9492.01	28.25
湛江市	11.16	12.53	12.28	1883.45	2363.71	25.50
茂名市	12.72	17.79	39.86	2684.27	4407.69	64.20
肇庆市	13.83	14.08	1.8	3482.59	3789.84	8.82
清远市	11.72	12.94	10.41	4327.56	4892.25	13.05
潮州市	7.61	8.54	12.22	4429.05	5648.54	27.53
揭阳市	4.8	5.24	9.17	1178.77	1489.55	26.36
云浮市	10.2	9.46	–7.25	3431.73	4018.21	17.09

附录表3-9 广东省分地市中等职业学校（机构）办学条件（二）

地区	每百名学生教学用计算机（台）		
	2013 年	2014 年	增长率（%）
广东省	18.24	21.09	15.63
珠江三角洲	25.34	27.45	8.33
东翼	6.79	10.37	52.72
西翼	13.97	18.57	32.93
山区	13.15	18.09	37.57
广州市	22.95	23.91	4.18
深圳市	32.79	37.45	14.21
珠海市	35.91	37.70	4.98
汕头市	8.54	14.50	69.79
佛山市	32.87	36.29	10.40
韶关市	30	36.14	20.47
河源市	14.1	14.24	0.99
梅州市	13.14	16.95	29.00
惠州市	17.37	20.35	17.16
汕尾市	5.9	10.02	69.83
东莞市	32.83	35.88	9.29
中山市	39.41	37.33	–5.28
江门市	21.23	25.45	19.88
阳江市	13.35	14.55	8.99
湛江市	11.22	17.09	52.32
茂名市	17.43	22.06	26.56
肇庆市	18.25	20.35	11.51
清远市	14.84	16.34	10.11
潮州市	15.41	23.15	50.23
揭阳市	4.3	6.03	40.23
云浮市	9.51	11.14	17.14

附录表3-10　广东省分地市中等职业学校（机构）办学条件（三）

地区	每百名学生拥有网络信息点数（个）		
	2013 年	2014 年	增长率（%）
广东省	15.33	19.42	26.68
珠江三角洲	22.29	27.60	23.82
东翼	3.26	4.46	36.81
西翼	14.34	17.78	23.99
山区	14.51	15.75	8.85
广州市	24.55	26.43	7.66
深圳市	30.57	68.97	125.61
珠海市	32.87	36.95	12.41
汕头市	4.76	7.91	66.18
佛山市	28.05	30.71	9.48
韶关市	17.81	22.09	24.03
河源市	40.03	41.66	4.07
梅州市	8.43	7.47	-11.39
惠州市	16.12	17.65	9.49
汕尾市	5.46	6.81	24.73
东莞市	21.28	36.11	69.69
中山市	24.96	28.77	15.26
江门市	16.26	14.15	-12.98
阳江市	15.23	0.02	-99.87
湛江市	19.65	25.23	28.40
茂名市	7.73	10.66	37.90
肇庆市	10.15	13.69	34.88
清远市	11.17	12.78	14.41
潮州市	3.96	6.12	54.55
揭阳市	1.42	1.56	9.86
云浮市	3.57	4.56	27.73

第四部分 高等教育有关表格

附录表4-1 广东省各高等院校研究生规模发展情况

单位：人

学校	招生			在校生		
	2013 年	2014 年	增长（%）	2013 年	2014 年	增长（%）
中山大学	6139	6264	2.04	17 476	17 795	1.83
华南理工大学	4378	4444	1.51	13 554	13 739	1.36
暨南大学	2950	3166	7.32	9075	9364	3.18
华南农业大学	1351	1421	5.18	3881	4037	4.02
南方医科大学	1407	1473	4.69	4125	4255	3.15
广州中医药大学	1369	1501	9.64	3984	4095	2.79
华南师范大学	2561	2623	2.42	7713	7974	3.38
广东工业大学	1367	1428	4.46	3948	4185	6.00
广东外语外贸大学	957	981	2.51	2571	2818	9.61
汕头大学	892	908	1.79	2351	2512	6.85
广东财经大学	528	538	1.89	1420	1536	8.17
广东海洋大学	196	138	-29.59	518	484	-6.56
广东医学院	324	352	8.64	895	975	8.94
仲恺农业工程学院	73	73	0.00	174	187	7.47
广东药学院	330	363	10.00	820	990	20.73
星海音乐学院	53	71	33.96	160	175	9.38
广州美术学院	174	177	1.72	505	513	1.58
广州体育学院	191	195	2.09	603	557	-7.63
广东技术师范学院	60	54	-10.00	181	174	-3.87
广东金融学院	29	33	13.79	48	62	29.17
五邑大学	121	48	-60.33	358	281	-21.51
广州大学	935	991	5.99	2613	2681	2.60
广州医科大学	605	644	6.45	1684	1806	7.24
深圳大学	1720	1764	2.56	4865	5070	4.21

注：除以上院校外，其他院校各项数据皆为 0。

附录表 4-2　广东省各高等院校普通本专科生规模发展情况

单位：人

学校	招生			在校生		
	2013 年	2014 年	增长(%)	2013 年	2014 年	增长(%)
中山大学	7882	7939	0.72	32 563	32 690	0.39
华南理工大学	6187	6125	-1.00	24 803	24 761	-0.17
暨南大学	5166	5652	9.41	19 501	21 164	8.53
华南农业大学	9396	9192	-2.17	38 302	37 956	-0.90
南方医科大学	3096	3119	0.74	14 870	14 375	-3.33
广州中医药大学	3440	3228	-6.16	14 212	14 205	-0.05
华南师范大学	6931	6606	-4.69	27 464	26 690	-2.82
广东工业大学	10 535	10 520	-0.14	43 127	42 527	-1.39
广东外语外贸大学	5034	5275	4.79	20 013	20 189	0.88
汕头大学	1741	1793	2.99	7255	7299	0.61
广东财经大学	5809	6953	19.69	21 668	22 688	4.71
广东海洋大学	7231	8243	14.00	27 269	28 570	4.77
广东医学院	4440	4352	-1.98	20 326	20 237	-0.44
仲恺农业工程学院	4922	4835	-1.77	16 970	17 738	4.53
广东药学院	4976	5366	7.84	20 701	20 690	-0.05
星海音乐学院	973	1008	3.60	3678	3737	1.60
广州美术学院	1384	1239	-10.48	5328	5316	-0.23
广州体育学院	1682	1554	-7.61	6430	6533	1.60
广东技术师范学院	6011	5522	-8.14	18 702	20 336	8.74
湛江师范学院	8566	7798	-8.97	27 581	27 641	0.22
韩山师范学院	5361	6088	13.56	18 105	18 844	4.08
广东石油化工学院	7108	7106	-0.03	24 899	24 754	-0.58
广东金融学院	5100	5483	7.51	20 768	20 615	-0.74
广东警官学院	1032	1430	38.57	6207	6173	-0.55
广州大学	10340	10478	1.33	34 296	36 109	5.29
广州医科大学	2403	3056	27.17	9900	10251	3.55
深圳大学	6955	7023	0.98	26 913	27 506	2.20
佛山科学技术学院	3976	3772	-5.13	14 416	14 203	-1.48
韶关学院	8211	7616	-7.25	28 150	28 268	0.42
嘉应学院	6639	6751	1.69	22 185	23 549	6.15

续上表

学校	招生			在校生		
	2013 年	2014 年	增长（%）	2013 年	2014 年	增长（%）
东莞理工学院	4064	4594	13.04	14 129	15 716	11.23
五邑大学	4632	4617	–0.32	16 027	17 777	10.92
肇庆学院	5881	5916	0.60	22 495	22 893	1.77
广东白云学院	4309	4381	1.67	14 848	15 663	5.49
广东培正学院	3938	4216	7.06	13 628	14 226	4.39
北京师范大学 – 香港浸会大学联合	1232	1263	2.52	4204	4562	8.52
广东第二师范学院	2495	2575	3.21	9704	10 679	10.05
南方科技大学	386	608	57.51	572	1179	106.12
广州航海学院	5356	4938	–7.80	8481	10 578	24.73
广州民航职业技术学院	3705	3853	3.99	10 829	11391	5.19
广东轻工职业技术学院	7029	7230	2.86	19 686	21 005	6.70
广东省外语艺术职业学院	2924	2595	–11.25	8073	7716	–4.42
广东机电职业技术学院	4873	5188	6.46	14 886	14 774	–0.75
广东工贸职业技术学院	4871	5029	3.24	14 087	15 075	7.01
广东交通职业技术学院	4578	4186	–8.56	14 102	13 625	–3.38
广东水利电力职业技术学院	4057	4163	2.61	12 825	12 466	–2.80
广东财经职业学院	—	—	—	—	—	—
广东司法警官职业学院	1594	1522	–4.52	4875	4681	–3.98
广东女子职业技术学院	1989	2027	1.91	6037	5977	–0.99
广东农工商职业技术学院	6911	5747	–16.84	19 722	19 121	–3.05
广东邮电职业技术学院	913	1445	58.27	2238	3043	35.97
广东松山职业技术学院	3011	3073	2.06	8461	8750	3.42
广东建设职业技术学院	2294	2086	–9.07	7062	6786	–3.91
广东职业技术学院	4369	4639	6.18	12 844	13 005	1.25
广东科学技术职业学院	7532	6064	–19.49	21 579	20 977	–2.79
广东行政职业学院	1807	1408	–22.08	5382	4950	–8.03
广东体育职业技术学院	910	952	4.62	2292	2336	1.92
广东食品药品职业学院	4964	4925	–0.79	12 463	13 915	11.65
广东文艺职业学院	1389	1394	0.36	3995	4010	0.38
广州工程技术职业学院	2771	2423	–12.56	8135	7427	–8.70
广州番禺职业技术学院	3612	4001	10.77	10 594	11 095	4.73
广州体育职业技术学院	523	657	25.62	1727	1847	6.95

续上表

学校	招生			在校生		
	2013年	2014年	增长(%)	2013年	2014年	增长(%)
深圳信息职业技术学院	5675	5616	-1.04	14 400	16 182	12.38
珠海城市职业技术学院	2537	1966	-22.51	6393	6534	2.21
汕头职业技术学院	3961	4014	1.34	10 563	11 000	4.14
佛山职业技术学院	2097	4431	111.30	8973	8715	-2.88
顺德职业技术学院	5126	4923	-3.96	13 514	13 613	0.73
河源职业技术学院	4287	4064	-5.20	12 190	12 162	-0.23
汕尾职业技术学院	1889	1875	-0.74	4558	5093	11.74
中山火炬职业技术学院	3073	1883	-38.72	8328	7266	-12.75
江门职业技术学院	4151	4256	2.53	12 446	12 705	2.08
阳江职业技术学院	3025	3323	9.85	7875	8956	13.73
茂名职业技术学院	3094	3951	27.70	8102	10 134	25.08
肇庆医学高等专科学校	3701	4030	8.89	9903	10 829	9.35
清远职业技术学院	4415	5219	18.21	12 229	14 072	15.07
揭阳职业技术学院	2570	2512	-2.26	7787	7436	-4.51
罗定职业技术学院	2843	2938	3.34	7435	7617	2.45
广东理工职业学院	3416	2929	-14.26	9906	10 042	1.37
广州城市职业学院	3126	3262	4.35	9317	9190	-1.36
广东工程职业技术学院	4292	3985	-7.15	11 499	12 077	5.03
广州铁路职业技术学院	2846	2775	-2.49	7715	8074	4.65
广东科贸职业学院	2747	2264	-17.58	7736	7971	3.04
广州科技贸易职业学院	2341	2503	6.92	6963	7199	3.39
中山职业技术学院	2979	2333	-21.69	7753	7963	2.71
东莞职业技术学院	3280	3433	4.66	9452	9656	2.16
广东环境保护工程职业学院	3332	3084	-7.44	9545	9716	1.79
广东青年职业学院	1395	2060	47.67	5887	6000	1.92
广东舞蹈戏剧职业学院	236	336	42.37	281	611	117.44
惠州卫生职业技术学院	1097	1498	36.55	1781	3263	83.21
广东生态工程职业学院	—	916	0.00	—	916	0.00
惠州城市职业学院	—	894	0.00	—	894	0.00
民办南华工商学院	3624	3828	5.63	10 269	10 971	6.84
私立华联学院	3254	2548	-21.70	8650	8893	2.81
潮汕职业技术学院	1283	1670	30.16	3712	4434	19.45
广东新安职业技术学院	1805	1768	-2.05	3411	4435	30.02

续上表

学校	招生			在校生		
	2013 年	2014 年	增长（%）	2013 年	2014 年	增长（%）
广东岭南职业技术学院	5521	5114	–7.37	15 705	15 952	1.57
广东建华职业学院	—	—	—	—	—	—
广州康大职业技术学院	2573	1655	–35.68	7525	6755	–10.23
广东东软学院	910	3123	243.19	5300	5695	7.45
珠海艺术职业学院	1041	1102	5.86	2243	2894	29.02
广州工商学院	2485	5857	135.69	9055	11 268	24.44
广州涉外经济职业技术学院	3532	3631	2.80	9468	10 223	7.97
广州南洋理工职业学院	3387	3729	10.10	9461	10 473	10.70
广州科技职业技术学院	4026	4801	19.25	11 329	12 916	14.01
惠州经济职业技术学院	3444	3584	4.07	8606	10 251	19.11
广东科技学院	4893	4665	–4.66	13 264	14 945	12.67
广东理工学院	3388	6182	82.47	9549	13 549	41.89
广东工商职业学院	2982	4318	44.80	9226	10 995	19.17
广州现代信息工程职业技术学院	2236	1983	–11.31	6193	6555	5.85
广州华南商贸职业学院	1825	1881	3.07	5137	5688	10.73
广州华立科技职业学院	3646	4229	15.99	9643	11 156	15.69
广州珠江职业技术学院	1490	1889	26.78	4116	4894	18.90
广州松田职业学院	1424	1528	7.30	4841	4726	–2.38
广东文理职业学院	2445	2995	22.49	5492	7596	38.31
广州城建职业学院	5487	5887	7.29	15 725	16 601	5.57
广东南方职业学院	2782	3193	14.77	5872	8264	40.74
广州华商职业学院	3579	3442	–3.83	8867	10 111	14.03
广州华夏职业学院	3521	3729	5.91	7692	9569	24.40
广州东华职业学院	1558	2417	55.13	3042	5004	64.50
广东创新科技职业学院	3009	3760	24.96	7157	9882	38.07
广东信息工程职业学院	1407	1448	2.91	1818	3186	75.25
广东碧桂园职业学院	—	302	0.00	—	302	—
香港中文大学（深圳）	—	304	0.00	—	304	—
电子科技大学中山学院	4320	4733	9.56	14 297	15 854	10.89
北京师范大学珠海分校	5595	6075	8.58	23 156	23 074	–0.35
广东工业大学华立学院	5364	2459	–54.16	18 558	16 921	–8.82
广州大学松田学院	2635	2492	–5.43	9242	9547	3.30

续上表

学校	招生			在校生		
	2013 年	2014 年	增长(%)	2013 年	2014 年	增长(%)
北京理工大学珠海学院	6463	6521	0.90	23 840	25 068	5.15
吉林大学珠海学院	6548	7089	8.26	26 378	26 824	1.69
东莞理工学院城市学院	5040	5125	1.69	15 408	17 365	12.70
中山大学新华学院	4776	5239	9.69	13 244	16 436	24.10
广州大学华软软件学院	2763	3608	30.58	10 933	11 645	6.51
中山大学南方学院	4386	4250	-3.10	18 520	18 240	-1.51
广东外语外贸大学南国商学院	2175	2244	3.17	8655	8889	2.70
广东财经大学华商学院	5619	5539	-1.42	19 821	20 465	3.25
广东海洋大学寸金学院	5223	5063	-3.06	16 816	18 633	10.81
华南农业大学珠江学院	2594	2592	-0.08	10 746	11 009	2.45
广东技术师范学院天河学院	4501	3085	-31.46	14 650	14 945	2.01
华南理工大学广州学院	5060	5220	3.16	17 599	18 847	7.09

附录表4–3　广东省各高等院校研究生和普通本专科毕业生增长情况

单位：人

学校	研究生毕业生			普通本专科毕业生		
	2013 年	2014 年	增长（%）	2013 年	2014 年	增长（%）
中山大学	5196	5345	2.87	7408	7562	2.08
暨南大学	2757	2910	5.55	3983	4093	2.76
汕头大学	689	737	6.97	1682	1698	0.95
华南理工大学	3678	3838	4.35	5986	5883	–1.72
华南农业大学	1156	1169	1.12	8872	9324	5.09
广东海洋大学	166	170	2.41	6801	6571	–3.38
广州医科大学	505	522	3.37	2714	2687	–0.99
广东医学院	268	269	0.37	4325	4307	–0.42
广州中医药大学	1415	1283	–9.33	3165	3152	–0.41
广东药学院	122	192	57.38	5555	5323	–4.18
华南师范大学	2258	2355	4.30	7490	7222	–3.58
韶关学院	—	—	—	6802	7279	7.01
惠州学院	—	—	—	4188	4038	–3.58
韩山师范学院	—	—	—	4870	5256	7.93
岭南师范学院	—	—	—	7442	7638	2.63
肇庆学院	—	—	—	5056	5445	7.69
嘉应学院	—	—	—	6419	5358	–16.53
广州体育学院	142	185	30.28	1564	1395	–10.81
广州美术学院	151	165	9.27	1215	1235	1.65
星海音乐学院	51	52	1.96	947	923	–2.53
广东技术师范学院	63	61	–3.17	3112	3782	21.53
深圳大学	1274	1524	19.62	6255	5928	–5.23
广东财经大学	327	420	28.44	6045	5862	–3.03
广东白云学院	—	—	—	3410	3428	0.53
顺德职业技术学院	—	—	—	4098	4696	14.59
广东轻工职业技术学院	—	—	—	5891	5783	–1.83
广东交通职业技术学院	—	—	—	4863	4461	–8.27
广东水利电力职业技术学院	—	—	—	3206	4431	38.21
潮汕职业技术学院	—	—	—	739	921	24.63
广州大学	656	924	40.90	8228	7828	–4.86

续上表

学校	研究生毕业生			普通本专科毕业生		
	2013 年	2014 年	增长（%）	2013 年	2014 年	增长（%）
广东警官学院	—	—	—	1076	1427	32.62
深圳职业技术学院	—	—	—	6425	7196	12.00
民办南华工商学院	—	—	—	3186	2843	-10.77
私立华联学院	—	—	—	1917	2021	5.43
仲恺农业工程学院	56	61	8.93	2863	3964	38.46
五邑大学	123	121	-1.60	3239	2598	-19.79
广东金融学院	—	19	—	5306	5597	5.48
电子科技大学中山学院	—	—	—	2999	2960	-1.30
广东石油化工学院	—	—	—	6215	7111	14.42
东莞理工学院	—	—	—	2490	2865	15.06
广东工业大学	953	1140	19.60	10942	10747	-1.78
广东外语外贸大学	679	744	9.57	5407	4883	-9.69
佛山科学技术学院	—	—	—	3941	3846	-2.41
广州民航职业技术学院	—	—	—	3390	3153	-6.99
广州番禺职业技术学院	—	—	—	3348	3466	3.52
广东培正学院	—	—	—	4110	3288	-20
广东松山职业技术学院	—	—	—	2074	2729	31.58
南方医科大学	1217	1251	2.79	3377	3436	1.75
广东农工商职业技术学院	—	—	—	5543	5942	7.20
广东新安职业技术学院	—	—	—	390	667	71.03
佛山职业技术学院	—	—	—	1506	4522	200.27
广东科学技术职业学院	—	—	—	6521	6441	-1.23
广东食品药品职业学院	—	—	—	3205	3264	1.84
广东东软学院	—	—	—	2146	2735	27.45
广州康大职业技术学院	—	—	—	2175	2288	5.20
珠海艺术职业学院	—	—	—	556	420	-24.46
广东行政职业学院	—	—	—	2097	1768	-15.69
广东体育职业技术学院	—	—	—	701	800	14.12
华南理工大学广州学院	—	—	—	3609	3769	4.43
广州大学华软软件学院	—	—	—	3006	2776	-7.65
中山大学南方学院	—	—	—	3767	4431	17.63
广东外语外贸大学南国商学院	—	—	—	1825	1885	3.29

续上表

学校	研究生毕业生			普通本专科毕业生		
	2013 年	2014 年	增长（%）	2013 年	2014 年	增长（%）
广东海洋大学寸金学院	—	—	—	2787	3078	10.44
华南农业大学珠江学院	—	—	—	2216	2295	3.56
广东技术师范学院天河学院	—	—	—	3171	2660	-16.11
广东职业技术学院	—	—	—	1834	4114	124.32
广东建设职业技术学院	—	—	—	1717	2094	21.96
广东女子职业技术学院	—	—	—	1897	2052	8.17
广东机电职业技术学院	—	—	—	4658	5070	8.84
广东岭南职业技术学院	—	—	—	5729	4694	-18.07
汕尾职业技术学院	—	—	—	1706	1311	-23.15
罗定职业技术学院	—	—	—	2284	2722	19.18
阳江职业技术学院	—	—	—	2272	2173	-4.36
河源职业技术学院	—	—	—	4078	3812	-6.52
广东邮电职业技术学院	—	—	—	783	625	-20.18
汕头职业技术学院	—	—	—	3509	3517	0.23
揭阳职业技术学院	—	—	—	1971	2726	38.31
深圳信息职业技术学院	—	—	—	1953	3235	65.64
清远职业技术学院	—	—	—	2915	3302	13.28
广东工贸职业技术学院	—	—	—	1581	3865	144.47
广东司法警官职业学院	—	—	—	1163	1674	43.94
广东亚视演艺职业学院	—	—	—	313	360	15.02
广东省外语艺术职业学院	—	—	—	2075	2884	38.99
北京师范大学珠海分校	—	—	—	4600	5689	23.67
广东工业大学华立学院	—	—	—	3379	3925	16.16
广州大学松田学院	—	—	—	2022	2146	6.13
广州商学院	—	—	—	2272	2912	28.17
北京理工大学珠海学院	—	—	—	4471	4905	9.71
吉林大学珠海学院	—	—	—	6288	6461	2.75
广东文艺职业学院	—	—	—	1164	1144	-1.72
广州体育职业技术学院	—	—	—	391	519	32.74
广州工程技术职业学院	—	—	—	2115	3020	42.79
中山火炬职业技术学院	—	—	—	1965	2907	47.94
江门职业技术学院	—	—	—	3796	3698	-2.58
茂名职业技术学院	—	—	—	1780	1795	0.84

续上表

学校	研究生毕业生			普通本专科毕业生		
	2013 年	2014 年	增长（%）	2013 年	2014 年	增长（%）
广州工商学院	—	—	—	4036	3549	-12.07
广州涉外经济职业技术学院	—	—	—	2512	2485	-1.07
广州南洋理工职业学院	—	—	—	1995	2673	33.98
广州科技职业技术学院	—	—	—	3037	2813	-7.38
惠州经济职业技术学院	—	—	—	1882	1821	-3.24
广东科技学院	—	—	—	3140	2903	-7.55
广东理工学院	—	—	—	3255	1987	-38.96
广东工商职业学院	—	—	—	—	2508	—
肇庆医学高等专科学校	—	—	—	2003	3040	51.77
东莞理工学院城市学院	—	—	—	2414	2945	22.00
中山大学新华学院	—	—	—	1304	1999	53.30
广州现代信息工程职业技术学院	—	—	—	772	1309	69.56
广东理工职业学院	—	—	—	3121	2597	-16.79
广州华南商贸职业学院	—	—	—	1293	1242	-3.94
广州华立科技职业学院	—	—	—	3112	2541	-18.35
广州城市职业学院	—	—	—	2612	3211	22.93
广东工程职业技术学院	—	—	—	2761	3284	18.94
广州铁路职业技术学院	—	—	—	1968	2181	10.82
广东科贸职业学院	—	—	—	1949	1951	0.10
广州科技贸易职业学院	—	—	—	2100	2203	4.90
中山职业技术学院	—	—	—	2064	1947	-5.67
广州珠江职业技术学院	—	—	—	585	1007	72.14
广州松田职业学院	—	—	—	1799	1548	-13.95
广东文理职业学院	—	—	—	466	860	84.55
广州城建职业学院	—	—	—	5110	4699	-8.04
东莞职业技术学院	—	—	—	3273	3068	-6.26
广东南方职业学院	—	—	—	176	678	285.23
广州华商职业学院	—	—	—	1347	2086	54.86
广州华夏职业学院	—	—	—	1127	1710	51.73
广东第二师范学院	—	—	—	1049	1596	52.14
广东环境保护工程职业学院	—	—	—	960	2750	186.46
南方科技大学	—	—	—	—	—	—

续上表

学校	研究生毕业生			普通本专科毕业生		
	2013 年	2014 年	增长（%）	2013 年	2014 年	增长（%）
广州东华职业学院	—	—	—	—	411	—
广东创新科技职业学院	—	—	—	—	849	—
广东舞蹈戏剧职业学院	—	—	—	—	—	—
惠州卫生职业技术学院	—	—	—	—	—	—
广东信息工程职业学院	—	—	—	—	—	—
广东生态工程职业学院	—	—	—	—	—	—
惠州城市职业学院	—	—	—	—	—	—
广东碧桂园职业学院	—	—	—	—	—	—
北京师范大学 - 香港浸会大学联合国际学院	—	—	—	890	853	-4.16
香港中文大学（深圳）	—	—	—	—	—	—

附录表4–4　广东省普通高校高级职称教师比例（%）

学校	2013 年	2014 年
中山大学	66.72	67.48
华南理工大学	59.52	57.38
暨南大学	62.23	63.17
华南农业大学	48.93	52.22
南方医科大学	48.80	53.56
广州中医药大学	60.82	64.15
华南师范大学	52.97	50.99
广东工业大学	45.87	44.60
广东外语外贸大学	46.86	48.01
汕头大学	64.50	71.36
广东商学院	48.89	47.73
广东海洋大学	46.57	42.15
广东医学院	39.66	41.81
仲恺农业工程学院	40.30	40.09
广东药学院	38.52	44.85
星海音乐学院	37.32	35.45
广州美术学院	44.80	43.57
广州体育学院	39.43	43.96
广东技术师范学院	45.18	45.10
湛江师范学院	33.18	33.31
韩山师范学院	33.67	35.53
广东石油化工学院	27.63	28.45
广东金融学院	35.52	37.10
广东警官学院	54.95	54.07
广州大学	52.56	52.61

续上表

学校	2013 年	2014 年
广州医科大学	65.59	56.58
深圳大学	61.98	59.67
佛山科学技术学院	52.04	50.25
韶关学院	37.51	40.60
嘉应学院	34.42	34.81
惠州学院	33.29	33.13
东莞理工学院	41.52	44.09
五邑大学	39.92	39.68
肇庆学院	44.03	42.71
广东白云学院	31.17	30.34
广东培正学院	20.03	14.29
北京师范大学 – 香港浸会大学联合	21.53	27.30
广东第二师范学院	35.93	40.18
南方科技大学	91.40	90.35
广州民航职业技术学院	17.81	21.21
广州航海高等专科学校	40.91	36.25
广东轻工职业技术学院	37.89	36.81
广东省外语艺术职业学院	32.88	32.80
广东机电职业技术学院	25.34	25.45
广东工贸职业技术学院	20.54	20.18
广东交通职业技术学院	26.26	28.87
广东水利电力职业技术学院	33.84	37.29
广东财经职业学院	—	—
广东司法警官职业学院	38.38	37.57
广东女子职业技术学院	33.76	35.86
广东农工商职业技术学院	21.16	22.47
广东邮电职业技术学院	30.48	29.03
广东松山职业技术学院	20.55	20.55

续上表

学校	2013年	2014年
广东建设职业技术学院	20.40	20.85
广东职业技术学院	24.00	25.98
广东科学技术职业学院	27.60	23.97
广东行政职业学院	45.61	39.27
广东体育职业技术学院	27.78	31.21
广东食品药品职业学院	20.53	22.53
广东文艺职业学院	15.02	18.14
广州工程技术职业学院	23.80	20.98
广州番禺职业技术学院	24.11	26.28
广州体育职业技术学院	27.88	27.88
深圳职业技术学院	53.30	55.48
深圳信息职业技术学院	44.13	43.55
珠海城市职业技术学院	22.18	22.18
汕头职业技术学院	20.81	24.55
佛山职业技术学院	18.10	20.11
顺德职业技术学院	23.10	25.28
河源职业技术学院	20.30	19.07
汕尾职业技术学院	15.65	16.42
中山火炬职业技术学院	25.07	25.85
江门职业技术学院	22.89	22.79
阳江职业技术学院	25.44	21.43
茂名职业技术学院	18.93	18.30
肇庆医学高等专科学校	20.18	43.48
清远职业技术学院	25.86	25.09
揭阳职业技术学院	22.16	22.16
罗定职业技术学院	7.42	8.28
广东理工职业学院	21.60	22.75
广州城市职业学院	31.88	31.79

续上表

学校	2013 年	2014 年
广东工程职业技术学院	19.29	21.50
广州铁路职业技术学院	26.33	25.35
广东科贸职业学院	22.55	23.24
广州科技贸易职业学院	21.91	25.00
中山职业技术学院	24.81	28.26
东莞职业技术学院	23.52	25.00
广东环境保护工程职业学院	8.54	9.26
广东青年职业学院	21.98	20.00
广东舞蹈戏剧职业学院	22.81	14.80
惠州卫生职业技术学院	22.04	24.32
民办南华工商学院	23.26	22.86
私立华联学院	20.82	20.96
潮汕职业技术学院	20.51	20.08
广东新安职业技术学院	22.97	21.91
广东亚视演艺职业学院	32.38	24.49
广东岭南职业技术学院	24.36	21.03
广东建华职业学院	—	—
广州康大职业技术学院	20.00	20.07
南海东软信息技术职业学院	30.72	31.47
珠海艺术职业学院	11.11	13.41
广州工商职业技术学院	36.51	35.45
广州涉外经济职业技术学院	21.56	21.65
广州南洋理工职业学院	19.95	20.34
广州科技职业技术学院	22.78	30.03
惠州经济职业技术学院	20.14	20.34
广东科技学院	30.21	31.11
肇庆科技职业技术学院	30.15	26.66
肇庆工商职业技术学院	31.53	31.18

续上表

学校	2013 年	2014 年
广州现代信息工程职业技术学院	13.37	15.38
广州华南商贸职业学院	20.83	22.92
广州华立科技职业学院	22.67	22.48
广州珠江职业技术学院	20.33	20.56
广州松田职业学院	14.73	17.57
广东文理职业学院	21.51	19.09
广州城建职业学院	24.59	16.45
广东南方职业学院	19.91	20.05
广州华商职业学院	11.11	11.69
广州华夏职业学院	20.36	20.63
广州东华职业学院	19.87	19.82
广东创新科技职业学院	20.07	21.91
广东信息工程职业学院	11.11	11.11
电子科技大学中山学院	37.13	39.25
北京师范大学珠海分校	27.43	38.70
广东工业大学华立学院	30.55	33.81
广州大学松田学院	23.52	15.20
华南师范大学增城学院	32.47	31.50
北京理工大学珠海学院	32.87	33.92
吉林大学珠海学院	43.95	40.84
东莞理工学院城市学院	26.86	27.01
中山大学新华学院	40.08	32.33
广州大学华软软件学院	27.17	27.18
中山大学南方学院	22.96	15.15
广东外语外贸大学南国商学院	39.78	40.55
广东商学院华商学院	24.37	27.00
广东海洋大学寸金学院	31.10	31.15
华南农业大学珠江学院	35.22	30.62
广东技术师范学院天河学院	26.43	30.17
华南理工大学广州学院	37.43	33.37

附录表4–5 广东省普通高校生师比

学校	2013 年	2014 年
中山大学	19.73	18.86
华南理工大学	19.40	18.88
暨南大学	19.46	20.53
华南农业大学	21.84	20.75
南方医科大学	21.31	15.94
广州中医药大学	14.79	15.24
华南师范大学	19.93	18.73
广东工业大学	18.03	18.35
广东外语外贸大学	18.07	16.98
汕头大学	18.85	15.39
广东财经大学	22.82	23.79
广东海洋大学	20.93	21.65
广东医学院	17.72	17.15
仲恺农业工程学院	20.30	19.92
广东药学院	15.96	15.92
星海音乐学院	10.63	10.59
广州美术学院	16.38	14.00
广州体育学院	16.80	16.72
广东技术师范学院	22.98	22.64
岭南师范学院	21.74	21.83
韩山师范学院	20.32	20.48
广东石油化工学院	20.81	20.62
广东金融学院	22.01	21.93
广东警官学院	23.53	22.79
广州大学	19.31	19.69
广州医科大学	12.90	11.31
深圳大学	19.94	19.24
佛山科学技术学院	19.23	18.76
韶关学院	21.04	20.80
嘉应学院	18.91	20.08
惠州学院	20.46	21.23
东莞理工学院	19.51	21.64

续上表

学校	2013 年	2014 年
五邑大学	21.68	21.37
肇庆学院	21.84	21.69
广东白云学院	17.82	18.01
广东培正学院	20.15	20.64
北京师范大学－香港浸会大学联合国际学院	13.63	13.78
广东第二师范学院	18.00	21.51
南方科技大学	5.90	9.91
广州民航职业技术学院	15.52	15.61
广州航海学院	20.51	18.89
广东轻工职业技术学院	15.24	16.45
广东省外语艺术职业学院	15.91	15.96
广东机电职业技术学院	18.72	16.86
广东工贸职业技术学院	21.35	20.85
广东交通职业技术学院	20.50	19.50
广东水利电力职业技术学院	17.30	15.29
广东司法警官职业学院	21.71	22.97
广东女子职业技术学院	20.93	20.67
广东农工商职业技术学院	21.43	20.99
广东邮电职业技术学院	14.82	17.90
广东松山职业技术学院	17.81	17.97
广东建设职业技术学院	20.74	21.10
广东职业技术学院	20.98	20.93
广东科学技术职业学院	20.96	16.19
广东行政职业学院	17.40	18.88
广东体育职业技术学院	12.52	11.59
广东食品药品职业学院	20.40	21.97
广东文艺职业学院	14.41	16.42
广州工程技术职业学院	18.08	19.09
广州番禺职业技术学院	17.91	18.45
广州体育职业技术学院	12.60	9.93
深圳职业技术学院	18.68	21.47
深圳信息职业技术学院	21.91	19.88
珠海城市职业技术学院	21.15	21.17
汕头职业技术学院	21.15	20.74

续上表

学校	2013 年	2014 年
佛山职业技术学院	17.22	15.28
顺德职业技术学院	15.93	15.85
河源职业技术学院	19.74	19.36
汕尾职业技术学院	16.96	18.61
中山火炬职业技术学院	19.75	15.45
江门职业技术学院	21.23	20.85
阳江职业技术学院	19.96	19.32
茂名职业技术学院	20.98	21.54
肇庆医学高等专科学校	20.93	19.84
清远职业技术学院	19.86	20.04
揭阳职业技术学院	21.93	20.87
罗定职业技术学院	19.18	15.28
广东理工职业学院	19.14	19.50
广州城市职业学院	21.44	21.17
广东工程职业技术学院	17.14	18.39
广州铁路职业技术学院	20.64	20.70
广东科贸职业学院	19.28	18.43
广州科技贸易职业学院	21.86	21.92
中山职业技术学院	16.84	14.67
东莞职业技术学院	15.26	16.55
广东环境保护工程职业学院	17.87	17.82
广东青年职业学院	20.57	20.38
广东舞蹈戏剧职业学院	1.34	2.74
惠州卫生职业技术学院	7.18	14.31
广州生态工程职业学院	—	5.20
惠州城市职业学院	—	2.05
民办南华工商学院	22.57	21.60
私立华联学院	20.70	20.51
潮汕职业技术学院	18.33	16.75
广东新安职业技术学院	20.92	22.05
广东亚视演艺职业学院	14.17	15.87
广东岭南职业技术学院	19.74	19.63
广州康大职业技术学院	20.49	20.93
广东东软学院	14.13	15.19

续上表

学校	2013年	2014年
珠海艺术职业学院	15.82	16.03
广州工商学院	16.04	19.91
广州涉外经济职业技术学院	17.54	17.85
广州南洋理工职业学院	19.98	18.87
广州科技职业技术学院	18.43	19.73
惠州经济职业技术学院	16.02	18.00
广东科技学院	18.92	17.91
广东理工学院	18.33	22.15
广东工商职业学院	15.88	18.94
广州现代信息工程职业技术学院	17.42	19.59
广州华南商贸职业学院	18.96	19.69
广州华立科技职业学院	18.60	20.62
广州珠江职业技术学院	17.76	21.09
广州松田职业学院	20.13	17.94
广东文理职业学院	20.65	19.80
广州城建职业学院	18.73	18.59
广东南方职业学院	21.13	17.96
广州华商职业学院	22.83	22.78
广州华夏职业学院	17.62	20.14
广州东华职业学院	18.89	19.74
广东创新科技职业学院	20.93	20.52
广东信息工程职业学院	15.28	20.69
广东碧桂园职业学院	—	10.24
香港中文大学（深圳）	—	16.43
电子科技大学中山学院	20.56	21.70
北京师范大学珠海分校	21.84	21.40
广东工业大学华立学院	17.85	18.00
广州大学松田学院	21.03	20.90
广州商学院	16.99	17.90
北京理工大学珠海学院	18.97	19.60
吉林大学珠海学院	19.83	19.60
东莞理工学院城市学院	20.91	20.80
中山大学新华学院	20.91	20.80
广州大学华软软件学院	20.42	20.60

续上表

学校	2013 年	2014 年
中山大学南方学院	32.98	44.80
广东外语外贸大学南国商学院	18.57	18.50
广东商学院华商学院	22.91	22.40
广东海洋大学寸金学院	20.88	20.80
华南农业大学珠江学院	19.49	19.20
广东技术师范学院天河学院	18.75	18.60
华南理工大学广州学院	20.75	20.60

附录表4–6　广东省各普通高校校园占地面积

单位：亩

学校	2013 年	2014 年
中山大学	8 957.67	8 957.67
华南理工大学	4 423.97	4 423.97
暨南大学	2 192.99	3 594.30
华南农业大学	8 252.63	8 306.73
南方医科大学	2 571.27	2 521.74
广州中医药大学	1 441.05	1 353.84
华南师范大学	3 079.78	3 019.91
广东工业大学	3 345.41	3 345.41
广东外语外贸大学	2 454.06	2 454.06
汕头大学	1 920.18	1 888.70
广东商学院	2 274.50	2 274.50
广东海洋大学	4 910.91	4 892.59
广东医学院	1 557.20	1 315.19
仲恺农业工程学院	1 672.08	1 672.08
广东药学院	2 898.66	1 874.18
星海音乐学院	337.44	337.44
广州美术学院	567.83	567.83
广州体育学院	4426.02	432.44
广东技术师范学院	1 506.85	1 506.85
湛江师范学院	1 187.49	1 186.40
韩山师范学院	1 146.65	1 141.25
广东石油化工学院	876.68	1 089.93
广东金融学院	891.16	891.16
广东警官学院	560.69	560.69
广州大学	2541.39	2 463.86
广州医学院	1 281.01	1 299.38
深圳大学	2 160.00	4 105.47
佛山科学技术学院	2 210.72	2 264.77
韶关学院	2 694.16	2 693.64
嘉应学院	1 628.22	1 628.22

续上表

学校	2013 年	2014 年
惠州学院	2 409.85	2 409.85
东莞理工学院	1 555.75	1 846.38
五邑大学	1 000.27	1 000.27
肇庆学院	1 210.19	1 249.32
广东白云学院	609.17	908.60
广东培正学院	870.15	870.15
北京师范大学－香港浸会大学联合	300.00	300.00
广东第二师范学院	716.28	762.91
南方科技大学	2 969.71	2 969.71
广州民航职业技术学院	1 129.73	1 129.73
广州航海高等专科学校	553.24	553.24
广东轻工职业技术学院	1 745.91	1 745.91
广东省外语艺术职业学院	275.87	275.87
广东机电职业技术学院	764.50	764.50
广东工贸职业技术学院	1037.97	1 038.00
广东交通职业技术学院	433.38	433.38
广东水利电力职业技术学院	914.95	914.95
广东财经职业学院	—	—
广东司法警官职业学院	209.47	198.47
广东女子职业技术学院	215.91	215.91
广东农工商职业技术学院	2 420.61	2 140.59
广东邮电职业技术学院	156.30	156.30
广东松山职业技术学院	655.41	655.41
广东建设职业技术学院	392.67	392.67
广东职业技术学院	1 097.33	1 097.33
广东科学技术职业学院	2 037.24	2 011.94
广东行政职业学院	395.20	395.20
广东体育职业技术学院	461.40	461.40
广东食品药品职业学院	1 232.89	454.97
广东文艺职业学院	188.73	188.73
广州工程技术职业学院	382.79	356.60
广州番禺职业技术学院	2 066.94	2 066.94
广州体育职业技术学院	259.07	259.07
深圳职业技术学院	3 189.68	3 189.68
深圳信息职业技术学院	1 387.40	1 387.40

续上表

学校	2013 年	2014 年
珠海城市职业技术学院	542.10	542.10
汕头职业技术学院	1 088.06	1 251.49
佛山职业技术学院	887.51	887.51
顺德职业技术学院	1 748.88	1 748.88
河源职业技术学院	1 500.75	1 500.75
汕尾职业技术学院	291.01	291.01
中山火炬职业技术学院	949.36	949.36
江门职业技术学院	1 214.09	1 214.09
阳江职业技术学院	662.64	759.58
茂名职业技术学院	1 106.98	907.00
肇庆医学高等专科学校	579.79	884.30
清远职业技术学院	2 267.58	2 267.58
揭阳职业技术学院	512.33	512.33
罗定职业技术学院	402.40	402.40
广东理工职业学院	1001.40	1001.40
广州城市职业学院	303.59	303.59
广东工程职业技术学院	290.00	1 042.07
广州铁路职业技术学院	258.23	258.23
广东科贸职业学院	409.04	409.04
广州科技贸易职业学院	191.77	191.47
中山职业技术学院	620.00	619.48
东莞职业技术学院	930.47	930.47
广东环境保护工程职业学院	452.58	452.58
广东青年职业学院	493.55	493.55
广东舞蹈戏剧职业学院	294.83	294.83
惠州卫生职业技术学院	413.10	413.10
民办南华工商学院	1 103.20	1 103.20
私立华联学院	799.76	311.46
潮汕职业技术学院	380.19	380.19
广东新安职业技术学院	183.89	183.89
广东亚视演艺职业学院	249.75	249.75
广东岭南职业技术学院	1384.13	1 384.13
广东建华职业学院	—	—
广州康大职业技术学院	676.14	525.43

续上表

学校	2013 年	2014 年
南海东软信息技术职业学	636.08	636.08
珠海艺术职业学院	153.83	153.83
广州工商职业技术学院	1 390.07	1 390.07
广州涉外经济职业技术学院	1 097.34	1 097.34
广州南洋理工职业学院	508.38	508.38
广州科技职业技术学院	1 179.32	1 179.32
惠州经济职业技术学院	607.77	830.58
广东科技学院	913.21	934.09
肇庆科技职业技术学院	1 020.63	1 020.63
肇庆工商职业技术学院	1 290.73	1 290.73
广州现代信息工程职业技术学院	773.43	773.43
广州华南商贸职业学院	513.72	513.72
广州华立科技职业学院	1 309.44	790.55
广州珠江职业技术学院	944.79	944.79
广州松田职业学院	190.01	190.01
广东文理职业学院	788.05	802.90
广州城建职业学院	1 354.98	1354.98
广东南方职业学院	489.36	489.36
广州华商职业学院	388.39	388.39
广州华夏职业学院	788.69	788.69
广州东华职业学院	600.00	600.00
广东创新科技职业学院	589.92	885.53
广东信息工程职业学院	151.50	151.50
电子科技大学中山学院	657.63	656.96
北京师范大学珠海分校	6 927.02	6 470.37
广东工业大学华立学院	915.13	915.13
广州大学松田学院	352.17	352.17
华南师范大学增城学院	993.62	—
北京理工大学珠海学院	4 939.74	4 939.74
吉林大学珠海学院	4 654.95	4 654.95
东莞理工学院城市学院	1 228.39	1 228.39
中山大学新华学院	2 185.36	1 456.29
广州大学华软软件学院	503.41	503.41
中山大学南方学院	1 000.66	1 000.66

续上表

学校	2013年	2014年
广东外语外贸大学南国商学院	595.80	595.47
广东商学院华商学院	842.39	842.39
广东海洋大学寸金学院	1393.91	1393.91
华南农业大学珠江学院	613.99	728.87
广东技术师范学院天河学院	913.22	913.22
华南理工大学广州学院	1753.34	1753.34
广东碧桂园职业学院	—	300.00
香港中文大学（深圳）	—	753.32
广东生态工程职业学院	—	564.39
惠州城市职业学院	—	438.18

附录表4–7　广东省各普通高校校舍建筑面积

单位：万平方米

学校	2013 年	2014 年
中山大学	220.27	199.51
华南理工大学	193.53	191.27
暨南大学	111.33	135.06
华南农业大学	136.25	136.25
南方医科大学	84.51	84.51
广州中医药大学	74.65	70.47
华南师范大学	130.77	131.57
广东工业大学	142.86	142.86
广东外语外贸大学	96.02	95.61
汕头大学	44.85	43.66
广东商学院	71.97	71.97
广东海洋大学	64.81	65.88
广东医学院	76.36	58.43
仲恺农业工程学院	33.74	33.78
广东药学院	79.62	77.52
星海音乐学院	17.25	17.79
广州美术学院	39.68	39.68
广州体育学院	24.43	24.91
广东技术师范学院	48.91	35.49
湛江师范学院	57.71	58.58
韩山师范学院	43.23	43.07
广东石油化工学院	46.28	41.91
广东金融学院	33.86	33.86
广东警官学院	32.40	31.10
广州大学	128.55	116.40
广州医科大学	43.88	65.54
深圳大学	102.35	97.22
佛山科学技术学院	35.21	35.06
韶关学院	78.86	71.82
嘉应学院	53.13	52.53
惠州学院	39.94	38.66

续上表

学校	2013 年	2014 年
东莞理工学院	40.74	61.46
五邑大学	48.35	51.91
肇庆学院	53.17	49.53
广东白云学院	40.37	40.37
广东培正学院	32.79	32.68
北京师范大学－香港浸会大学联合	12.14	12.14
广东第二师范学院	34.12	30.00
南方科技大学	20.24	20.26
广州民航职业技术学院	26.86	28.32
广州航海高等专科学校	23.86	23.86
广东轻工职业技术学院	44.85	44.85
广东省外语艺术职业学院	18.73	17.52
广东机电职业技术学院	25.33	25.33
广东工贸职业技术学院	26.92	25.41
广东交通职业技术学院	29.70	29.70
广东水利电力职业技术学院	30.34	27.22
广东财经职业学院	—	—
广东司法警官职业学院	11.17	12.00
广东女子职业技术学院	15.13	15.08
广东农工商职业技术学院	49.30	44.46
广东邮电职业技术学院	7.63	7.80
广东松山职业技术学院	20.40	20.86
广东建设职业技术学院	14.14	14.14
广东职业技术学院	29.62	27.32
广东科学技术职业学院	49.54	46.58
广东行政职业学院	12.15	12.15
广东体育职业技术学院	8.12	7.92
广东食品药品职业学院	25.37	15.56
广东文艺职业学院	9.59	9.59
广州工程技术职业学院	16.60	15.42
广州番禺职业技术学院	31.98	31.98
广州体育职业技术学院	17.72	17.72
深圳职业技术学院	63.31	58.84

续上表

学校	2013 年	2014 年
深圳信息职业技术学院	52.91	58.48
珠海城市职业技术学院	15.12	13.85
汕头职业技术学院	20.15	24.44
佛山职业技术学院	23.50	24.67
顺德职业技术学院	50.60	50.74
河源职业技术学院	26.35	26.35
汕尾职业技术学院	10.05	10.05
中山火炬职业技术学院	25.19	24.22
江门职业技术学院	27.11	27.20
阳江职业技术学院	15.60	17.12
茂名职业技术学院	13.28	11.52
肇庆医学高等专科学校	20.59	33.64
清远职业技术学院	23.51	24.46
揭阳职业技术学院	12.02	12.02
罗定职业技术学院	18.26	18.42
广东理工职业学院	22.95	22.95
广州城市职业学院	19.76	19.76
广东工程职业技术学院	24.51	24.13
广州铁路职业技术学院	18.15	18.15
广东科贸职业学院	16.74	16.74
广州科技贸易职业学院	11.14	11.14
中山职业技术学院	19.64	22.40
东莞职业技术学院	33.95	33.95
广东环境保护工程职业学院	14.78	14.78
广东青年职业学院	19.05	16.04
广东舞蹈戏剧职业学院	9.99	10.04
惠州卫生职业技术学院	14.20	12.04
民办南华工商学院	16.82	17.42
私立华联学院	26.42	12.71
潮汕职业技术学院	12.20	12.19
广东新安职业技术学院	7.55	7.61
广东亚视演艺职业学院	7.69	7.69
广东岭南职业技术学院	31.03	42.98
广东建华职业学院	—	—

续上表

学校	2013年	2014年
广州康大职业技术学院	16.18	16.23
南海东软信息技术职业学院	20.23	20.23
珠海艺术职业学院	4.19	8.19
广州工商职业技术学院	38.07	38.07
广州涉外经济职业技术学院	24.62	19.52
广州南洋理工职业学院	16.76	16.82
广州科技职业技术学院	20.85	22.20
惠州经济职业技术学院	21.10	21.10
广东科技学院	44.89	46.86
肇庆科技职业技术学院	39.50	42.51
肇庆工商职业技术学院	31.82	32.44
广州现代信息工程职业技术学院	25.50	25.50
广州华南商贸职业学院	7.75	7.75
广州华立科技职业	25.72	22.42
广州珠江职业技术学院	13.83	13.83
广州松田职业学院	9.10	8.95
广东文理职业学院	19.82	19.82
广州城建职业学院	41.94	41.94
广东南方职业学院	16.02	16.58
广州华商职业学院	13.16	14.58
广州华夏职业学院	21.28	19.43
广州东华职业学院	12.41	12.41
广东创新科技职业学院	19.59	24.79
广东信息工程职业学院	6.38	7.49
电子科技大学中山学院	40.37	31.01
北京师范大学珠海分校	32.79	64.84
广东工业大学华立学院	12.14	28.76
广州大学松田学院	39.41	17.77
华南师范大学增城学院	68.70	29.59
北京理工大学珠海学院	32.00	53.44
吉林大学珠海学院	15.07	56.99
东莞理工学院城市学院	29.59	42.36
中山大学新华学院	55.40	32.20
广州大学华软软件学院	56.99	20.70

续上表

学校	2013 年	2014 年
中山大学南方学院	42.56	39.18
广东外语外贸大学南国商学院	33.24	12.29
广东商学院华商学院	21.02	31.80
广东海洋大学寸金学院	39.89	32.47
华南农业大学珠江学院	12.29	18.94
广东技术师范学院天河学院	41.38	36.97
华南理工大学广州学院	29.89	48.82
广东碧桂园职业学院	—	7.70
香港中文大学（深圳）	—	6.74
广东生态工程职业学院	—	8.74
惠州城市职业学院	—	20.38

附录表4-8　广东省各普通高校教学与行政用房

单位：平方米

学校	2013 年	2014 年
中山大学	90.91	82.69
华南理工大学	81.00	78.57
暨南大学	46.50	62.53
华南农业大学	65.32	65.32
南方医科大学	34.54	34.54
广州中医药大学	42.87	32.87
华南师范大学	60.57	60.63
广东工业大学	76.52	76.52
广东外语外贸大学	37.83	37.83
汕头大学	21.35	21.29
广东商学院	35.66	35.66
广东海洋大学	34.07	33.42
广东医学院	37.11	23.73
仲恺农业工程学院	15.44	15.48
广东药学院	43.48	43.67
星海音乐学院	10.82	9.83
广州美术学院	26.15	26.15
广州体育学院	13.54	13.54
广东技术师范学院	19.03	17.31
湛江师范学院	25.70	25.41
韩山师范学院	20.03	19.95
广东石油化工学院	20.60	20.58
广东金融学院	14.44	14.48
广东警官学院	11.83	10.50
广州大学	63.42	63.11
广州医科大学	28.84	45.20
深圳大学	53.96	51.88
佛山科学技术学院	17.80	17.99
韶关学院	30.94	28.94
嘉应学院	28.45	28.26

续上表

学校	2013年	2014年
惠州学院	23.14	20.01
东莞理工学院	24.88	35.19
五邑大学	24.99	24.99
肇庆学院	21.62	19.32
广东白云学院	23.99	25.09
广东培正学院	11.33	11.33
北京师范大学－香港浸会大学联合	4.14	4.14
广东第二师范学院	17.72	17.13
南方科技大学	7.75	8.22
广州民航职业技术学院	26.86	18.18
广州航海高等专科学校	23.86	14.94
广东轻工职业技术学院	44.85	28.80
广东省外语艺术职业学院	18.73	10.06
广东机电职业技术学院	25.33	14.28
广东工贸职业技术学院	26.92	14.44
广东交通职业技术学院	29.70	17.15
广东水利电力职业技术学院	30.34	13.73
广东财经职业学院	—	5.72
广东司法警官职业学院	11.17	9.10
广东女子职业技术学院	15.13	26.26
广东农工商职业技术学院	49.30	4.40
广东邮电职业技术学院	7.63	13.31
广东松山职业技术学院	20.40	11.27
广东建设职业技术学院	14.14	15.05
广东职业技术学院	29.62	20.76
广东科学技术职业学院	49.54	6.65
广东行政职业学院	12.15	4.70
广东体育职业技术学院	8.12	7.98
广东食品药品职业学院	25.37	4.94
广东文艺职业学院	9.59	10.02
广州工程技术职业学院	16.60	17.84
广州番禺职业技术学院	31.98	9.23
广州体育职业技术学院	17.72	31.94
深圳职业技术学院	63.31	24.82

续上表

学校	2013 年	2014 年
深圳信息职业技术学院	52.91	8.84
珠海城市职业技术学院	15.12	14.75
汕头职业技术学院	20.15	14.02
佛山职业技术学院	23.50	28.59
顺德职业技术学院	50.60	17.72
河源职业技术学院	26.35	5.30
汕尾职业技术学院	10.05	16.13
中山火炬职业技术学院	25.19	15.86
江门职业技术学院	27.11	10.67
阳江职业技术学院	15.60	7.55
茂名职业技术学院	13.28	24.09
肇庆医学高等专科学校	20.59	13.83
清远职业技术学院	23.51	6.27
揭阳职业技术学院	12.02	10.39
罗定职业技术学院	18.26	13.21
广东理工职业学院	22.95	10.46
广州城市职业学院	19.76	15.02
广东工程职业技术学院	24.51	13.08
广州铁路职业技术学院	18.15	10.35
广东科贸职业学院	16.74	7.08
广州科技贸易职业学院	11.14	13.04
中山职业技术学院	19.64	17.48
东莞职业技术学院	33.95	8.80
广东环境保护工程职业学院	14.78	8.70
广东青年职业学院	19.05	5.54
广东舞蹈戏剧职业学院	9.99	6.94
惠州卫生职业技术学院	14.20	10.45
民办南华工商学院	8.64	9.09
私立华联学院	13.24	2.84
潮汕职业技术学院	6.57	6.53
广东新安职业技术学院	4.18	3.99
广东亚视演艺职业学院	3.18	3.18
广东岭南职业技术学院	16.44	23.08
广东建华职业学院	—	—

续上表

学校	2013 年	2014 年
广州康大职业技术学院	9.03	9.03
南海东软信息技术职业学院	12.26	12.26
珠海艺术职业学院	2.49	5.38
广州工商职业技术学院	17.84	17.86
广州涉外经济职业技术学院	15.07	9.90
广州南洋理工职业学院	8.82	8.82
广州科技职业技术学院	12.28	12.28
惠州经济职业技术学院	9.96	9.96
广东科技学院	23.08	21.36
肇庆科技职业技术学院	25.77	27.32
肇庆工商职业技术学院	23.44	23.11
广州现代信息工程职业技术学院	18.24	18.24
广州华南商贸职业学院	4.09	4.09
广州华立科技职业	13.13	11.14
广州珠江职业技术学院	9.73	9.73
广州松田职业学院	3.96	3.80
广东文理职业学院	10.74	10.74
广州城建职业学院	20.80	22.96
广东南方职业学院	10.81	8.67
广州华商职业学院	7.53	5.43
广州华夏职业学院	14.14	11.50
广州东华职业学院	7.51	7.51
广东创新科技职业学院	8.47	10.08
广东信息工程职业学院	2.93	2.93
电子科技大学中山学院	8.64	13.84
北京师范大学珠海分校	13.24	15.81
广东工业大学华立学院	6.57	16.82
广州大学松田学院	4.18	8.74
华南师范大学增城学院	3.18	18.02
北京理工大学珠海学院	16.44	20.23
吉林大学珠海学院	—	22.06
东莞理工学院城市学院	9.03	19.81
中山大学新华学院	12.26	12.68
广州大学华软软件学院	2.49	10.72

续上表

学校	2013 年	2014 年
中山大学南方学院	17.84	14.82
广东外语外贸大学南国商学院	15.07	4.68
广东商学院华商学院	8.82	12.96
广东海洋大学寸金学院	12.28	16.82
华南农业大学珠江学院	9.96	11.20
广东技术师范学院天河学院	23.08	20.17
华南理工大学广州学院	25.77	22.36
广东碧桂园职业学院	—	4.86
香港中文大学（深圳）	—	4.99
广东生态工程职业学院	—	3.98
惠州城市职业学院	—	10.45

附录表4-9 广东省普通高校分层次教学仪器设备值

单位：万元

学校	2013 年	2014 年
中山大学	191 988.20	218 709.94
华南理工大学	175 696.30	195 878.69
暨南大学	82 839.72	89 292.04
华南农业大学	78 666.00	83 626.00
南方医科大学	40 394.02	44 063.20
广州中医药大学	44 136.81	53 411.31
华南师范大学	64 264.00	73 450.00
广东工业大学	53 119.00	57 362.00
广东外语外贸大学	23 625.50	24 582.56
汕头大学	40 499.73	46 068.55
广东商学院	10 508.00	11 234.00
广东海洋大学	29 088.81	27 517.49
广东医学院	25 946.28	22 770.28
仲恺农业工程学院	9873.00	9607.86
广东药学院	23 255.36	24 292.18
星海音乐学院	4786.70	5021.20
广州美术学院	7203.70	7437.00
广州体育学院	4564.00	5009.83
广东技术师范学院	13 555.24	14 592.04
湛江师范学院	15 726.61	17 602.87
韩山师范学院	13 188.63	14 430.86
广东石油化工学院	16 403.60	16 606.01
广东金融学院	9538.45	10 436.89
广东警官学院	4756.30	4722.82
广州大学	58 204.60	60 720.85
广州医科大学	36 058.28	43 826.12
深圳大学	96 817.11	112 349.74
佛山科学技术学院	14 345.43	14 366.86
韶关学院	16 338.57	17 401.56
嘉应学院	14 933.97	15 611.93

续上表

学校	2013 年	2014 年
惠州学院	11170.30	11 609.10
东莞理工学院	20 136.00	26 489.00
五邑大学	11 452.11	13 549.40
肇庆学院	11 926.13	11 734.82
广东白云学院	12 799.21	13 700.21
广东培正学院	4770.90	4903.68
北京师范大学 – 香港浸会大学联合	1873.92	1526.25
广东第二师范学院	6430.16	8218.35
南方科技大学	1049.68	8578.90
广州民航职业技术学院	20345.00	21 392.00
广州航海高等专科学校	10 881.50	11 560.90
广东轻工职业技术学院	14 240.33	15 190.86
广东省外语艺术职业学院	5945.65	6370.28
广东机电职业技术学院	7905.78	8776.84
广东工贸职业技术学院	6408.45	6630.00
广东交通职业技术学院	12 301.37	12 753.06
广东水利电力职业技术学院	9386.20	10 305.40
广东财经职业学院	—	—
广东司法警官职业学院	2083.55	2287.60
广东女子职业技术学院	4652.73	4909.17
广东农工商职业技术学院	8760.03	8977.34
广东邮电职业技术学院	2544.76	2676.89
广东松山职业技术学院	4061.54	4268.86
广东建设职业技术学院	3373.96	3522.23
广东职业技术学院	6032.92	6248.61
广东科学技术职业学院	12 220.00	11 101.00
广东行政职业学院	1900.00	1170.16
广东体育职业技术学院	1263.18	1338.96
广东食品药品职业学院	8072.00	8192.00
广东文艺职业学院	1988.85	2275.08
广州工程技术职业学院	6166.87	7270.46
广州番禺职业技术学院	15 549.99	18 675.22
广州体育职业技术学院	1817.06	1431.37
深圳职业技术学院	56 051.23	61 213.56

续上表

学校	2013 年	2014 年
深圳信息职业技术学院	14 306.00	17 534.66
珠海城市职业技术学院	5146.54	5450.54
汕头职业技术学院	5198.00	6018.00
佛山职业技术学院	8316.00	8832.85
顺德职业技术学院	16 167.98	23 085.19
河源职业技术学院	6338.00	7410.00
汕尾职业技术学院	2629.00	2891.00
中山火炬职业技术学院	6531.35	7628.64
江门职业技术学院	5211.48	6028.44
阳江职业技术学院	4761.46	5341.15
茂名职业技术学院	4291.00	2575.50
肇庆医学高等专科学校	5988.90	6359.90
清远职业技术学院	4702.00	5530.00
揭阳职业技术学院	2936.32	3479.58
罗定职业技术学院	3321.22	3641.70
广东理工职业学院	5286.27	5752.75
广州城市职业学院	9139.90	10132.10
广东工程职业技术学院	4859.54	4672.21
广州铁路职业技术学院	13 218.26	17718.00
广东科贸职业学院	5240.82	5757.42
广州科技贸易职业学院	3329.76	3434.57
中山职业技术学院	11 557.95	12 293.57
东莞职业技术学院	12 086.82	12 407.74
广东环境保护工程职业学院	3897.50	4390.40
广东青年职业学院	1925.03	2165.03
广东舞蹈戏剧职业学院	1305.00	1294.38
惠州卫生职业技术学院	2260.00	2797.00
民办南华工商学院	3494.10	3784.00
私立华联学院	2860.73	3042.10
潮汕职业技术学院	1789.80	1828.30
广东新安职业技术学院	1402.05	1545.75
广东亚视演艺职业学院	953.00	995.00
广东岭南职业技术学院	10 450.74	11 280.15
广东建华职业学院	—	—

续上表

学校	2013 年	2014 年
广州康大职业技术学院	3114.63	3211.27
南海东软信息技术职业学院	4648.00	4061.08
珠海艺术职业学院	742.22	782.11
广州工商职业技术学院	5537.90	5960.26
广州涉外经济职业技术学院	3589.84	3324.53
广州南洋理工职业学院	2801.10	3081.21
广州科技职业技术学院	3805.60	4102.10
惠州经济职业技术学院	4470.00	5059.00
广东科技学院	10 046.42	10 282.70
肇庆科技职业技术学院	6531.21	7201.00
肇庆工商职业技术学院	6097.00	6846.90
广州现代信息工程职业技术学院	2755.19	3259.01
广州华南商贸职业学院	1853.40	1849.33
广州华立科技职业	5623.88	6085.13
广州珠江职业技术学院	1738.00	2095.00
广州松田职业学院	1330.00	1360.00
广东文理职业学院	1755.77	3160.56
广州城建职业学院	6635.11	7370.86
广东南方职业学院	2351.55	3429.71
广州华商职业学院	2250.19	2575.71
广州华夏职业学院	3119.70	3898.10
广州东华职业学院	1552.30	2142.70
广东创新科技职业学院	2048.00	3050.52
广东信息工程职业学院	1111.50	1278.30
电子科技大学中山学院	9260.54	9610.21
北京师范大学珠海分校	8530.62	9197.43
广东工业大学华立学院	9308.13	9514.51
广州大学松田学院	3051.81	3220.19
华南师范大学增城学院	3924.63	6102.91
北京理工大学珠海学院	12 988.81	14 706.60
吉林大学珠海学院	10 933.56	13 434.91
东莞理工学院城市学院	7409.00	7923.74
中山大学新华学院	4658.22	5133.05
广州大学华软软件学院	5383.65	5814.30

续上表

学校	2013 年	2014 年
中山大学南方学院	5122.24	3330.00
广东外语外贸大学南国商学院	2821.74	3108.35
广东商学院华商学院	4449.00	4470.98
广东海洋大学寸金学院	5494.32	5898.71
华南农业大学珠江学院	4472.31	4787.00
广东技术师范学院天河学院	7669.07	7703.57
华南理工大学广州学院	8862.85	9504.03
广东碧桂园职业学院	—	322.00
香港中文大学（深圳）	—	468.66
广东生态工程职业学院	—	974.00
惠州城市职业学院	—	3757.00

附录表4-10　广东省各普通高校图书数

单位：万册

学校	2013年	2014年
中山大学	490.70	502.38
华南理工大学	344.27	356.18
暨南大学	338.00	346.10
华南农业大学	229.61	236.67
南方医科大学	211.70	228.93
广州中医药大学	196.19	145.47
华南师范大学	361.30	363.50
广东工业大学	352.81	360.38
广东外语外贸大学	241.71	289.36
汕头大学	147.79	143.49
广东财经大学	239.69	245.98
广东海洋大学	171.14	175.66
广东医科大学	125.38	118.40
仲恺农业工程学院	87.61	88.45
广东药学院	244.21	207.15
星海音乐学院	41.49	33.65
广州美术学院	40.19	42.36
广州体育学院	52.55	55.44
广东技术师范学院	194.75	200.96
岭南师范学院	243.82	247.05
韩山师范学院	155.82	157.48
广东石油化工学院	151.87	153.77
广东金融学院	158.70	166.00
广东警官学院	77.45	79.41
广州大学	327.43	335.45
广州医科大学	142.69	130.40
深圳大学	353.20	365.20
佛山科学技术学院	166.84	171.10
韶关学院	219.72	219.19
嘉应学院	204.41	205.59
惠州学院	137.40	145.10
东莞理工学院	119.00	171.00
五邑大学	141.90	148.50
肇庆学院	138.03	136.16
广东白云学院	132.37	140.80
广东培正学院	154.60	159.30

续上表

学校	2013 年	2014 年
北京师范大学－香港浸会大学联合	13.60	14.50
广东第二师范学院	104.00	104.76
南方科技大学	12.39	13.12
广州民航职业技术学院	64.23	67.76
广州航海学院	71.20	72.10
广东轻工职业技术学院	128.40	137.64
广东省外语艺术职业学院	53.60	55.44
广东机电职业技术学院	57.00	60.38
广东工贸职业技术学院	52.00	55.00
广东交通职业技术学院	89.62	93.87
广东水利电力职业技术学院	66.39	68.33
广东司法警官职业学院	27.87	27.87
广东女子职业技术学院	48.26	50.57
广东农工商职业技术学院	126.85	104.45
广东邮电职业技术学院	15.94	16.28
广东松山职业技术学院	52.76	57.21
广东建设职业技术学院	38.87	40.48
广东职业技术学院	48.01	58.10
广东科学技术职业学院	128.00	130.67
广东行政职业学院	42.12	45.29
广东体育职业技术学院	13.60	13.60
广东食品药品职业学院	45.03	51.10
广东文艺职业学院	25.56	27.50
广州工程技术职业学院	56.21	60.60
广州番禺职业技术学院	101.53	105.16
广州体育职业技术学院	14.72	15.50
深圳职业技术学院	212.00	220.50
深圳信息职业技术学院	64.36	75.10
珠海城市职业技术学院	32.60	35.10
汕头职业技术学院	52.40	52.40

续上表

学校	2013年	2014年
佛山职业技术学院	41.95	45.70
顺德职业技术学院	95.80	99.50
河源职业技术学院	59.22	67.30
汕尾职业技术学院	31.00	32.60
中山火炬职业技术学院	39.63	42.09
江门职业技术学院	62.70	64.72
阳江职业技术学院	39.57	43.08
茂名职业技术学院	42.78	46.03
肇庆医学高等专科学校	36.50	40.00
清远职业技术学院	58.35	63.73
揭阳职业技术学院	39.71	41.04
罗定职业技术学院	49.48	50.89
广东理工职业学院	51.81	53.60
广州城市职业学院	72.80	75.10
广东工程职业技术学院	48.70	52.10
广州铁路职业技术学院	47.50	52.20
广东科贸职业学院	44.34	46.20
广州科技贸易职业学院	43.40	45.40
中山职业技术学院	48.40	54.70
东莞职业技术学院	63.90	69.60
广东环境保护工程职业学院	47.90	51.00
广东青年职业学院	36.11	38.40
广东舞蹈戏剧职业学院	8.26	11.70
惠州卫生职业技术学院	17.31	17.30
广东生态工程职业学院	—	15.50
惠州城市职业学院	—	26.90
民办南华工商学院	54.94	55.76
私立华联学院	52.09	53.47
潮汕职业技术学院	37.42	37.79
广东新安职业技术学院	28.00	34.20
广东亚视演艺职业学院	9.30	10.20
广东岭南职业技术学院	135.87	138.90
广州康大职业技术学院	47.46	48.66
广东东软学院	50.95	51.40
珠海艺术职业学院	9.82	10.47

续上表

学校	2013 年	2014 年
广州工商学院	110.89	114.50
广州涉外经济职业技术学院	77.78	89.28
广州南洋理工职业学院	56.09	60.00
广州科技职业技术学院	64.00	70.00
惠州经济职业技术学院	40.66	47.60
广东科技学院	107.56	117.20
广东理工学院	102.93	107.30
广东工商职业学院	107.70	111.30
广州现代信息工程职业技术学院	52.66	60.86
广州华南商贸职业学院	28.18	29.72
广州华立科技职业学院	95.93	96.82
广州珠江职业技术学院	34.70	41.90
广州松田职业学院	25.82	33.29
广东文理职业学院	40.52	62.52
广州城建职业学院	84.56	88.73
广东南方职业学院	46.33	68.33
广州华商职业学院	55.43	55.43
广州华夏职业学院	62.30	74.14
广州东华职业学院	25.10	40.30
广东创新科技职业学院	40.20	61.58
广东信息工程职业学院	16.20	17.20
广东碧桂园职业学院	—	2.50
香港中文大学（深圳）	—	3.10
电子科技大学中山学院	115.45	121.10
北京师范大学珠海分校	128.88	136.90
广东工业大学华立学院	127.92	131.30
广州大学松田学院	69.40	55.30
广州商学院	112.30	117.10
北京理工大学珠海学院	121.32	131.60
吉林大学珠海学院	138.95	142.90

续上表

学校	2013年	2014年
东莞理工学院城市学院	77.83	90.30
中山大学新华学院	71.89	83.00
广州大学华软软件学院	77.93	81.60
中山大学南方学院	150.35	150.70
广东外语外贸大学南国商学院	78.34	82.80
广东财经大学华商学院	109.65	115.70
广东海洋大学寸金学院	97.50	121.50
华南农业大学珠江学院	68.50	73.60
广东技术师范学院天河学院	103.40	111.00
华南理工大学广州学院	83.33	92.30

附录表4–11 广东省各普通高校生均信息化设备资产值

单位：元

学校	2013 年	2014 年
中山大学	5203.16	6956.80
华南理工大学	8827.58	9517.97
暨南大学	9955.17	7800.06
华南农业大学	4442.16	4801.30
南方医科大学	4046.00	4008.78
广州中医药大学	3345.80	3251.38
华南师范大学	6760.69	7496.03
广东工业大学	4397.59	4475.87
广东外语外贸大学	7337.08	7258.61
汕头大学	8203.39	9322.39
广东财经大学	3477.17	3077.90
广东海洋大学	2470.28	2680.59
广东医学院	695.66	715.96
仲恺农业工程学院	2146.87	2590.66
广东药学院	2615.49	2719.84
星海音乐学院	492.00	524.91
广州美术学院	2249.39	3220
广州体育学院	2401.57	2393.82
广东技术师范学院	2441.79	2394.02
岭南师范学院	2169.46	2335.89
韩山师范学院	2603.27	2690.57
广东石油化工学院	1536.09	1465.66
广东金融学院	3818.29	4092.92
五邑大学	232.88	212.23
广东第二师范学院	2882.07	3404.08
广东警官学院	2088.49	2162.29
广州航海学院	3761.76	3674.92
广州大学	3923.00	2576.54
广州医科大学	2722.86	3385.32
深圳大学	7189.50	7276.71

续上表

学校	2013 年	2014 年
佛山科学技术学院	1131.65	1692.49
韶关学院	1403.50	1506.51
嘉应学院	1887.57	1768.33
惠州学院	2216.88	2211.21
东莞理工学院	5310.69	5049.22
肇庆学院	2256.28	2431.08
南方科技大学	23 114.00	35 546.99
电子科技大学中山学院	1043.00	982.48
北京师范大学珠海分校	3135.69	3462.58
广东工业大学华立学院	776.76	851.90
广州大学松田学院	1307.35	1198.18
北京理工大学珠海学院	2396.59	2329.10
吉林大学珠海学院	1036.76	1025.20
东莞理工学院城市学院	1556.28	2237.60
中山大学新华学院	1303.40	1217.45
广州大学华软软件学院	347.19	393.62
中山大学南方学院	872.48	1039.31
广东外语外贸大学南国商学院	3903.27	4346.86
广东财经大学商学院	1344.39	1519.09
广东海洋大学寸金学院	378.16	342.80
华南农业大学珠江学院	1323.29	1398.86
广东技术师范学院天河学院	1115.27	1205.69
华南理工大学广州学院	1258.68	1515.91
广州商学院	1931.29	1730.11
广东白云学院	1897.46	1800.53
广东培正学院	3061.88	3030.64
北京师范大学－香港浸会大学联合	1903.67	1907.34
香港中文大学（深圳）	—	15 416.45
广东科技学院	5095.90	4770.97
广东东软学院	5501.67	2788.80
广东理工学院	848.29	605.52
广州工商学院	2692.36	2079.27
广州民航职业技术学院	2297.85	2828.25
广东财经职业学院	—	—

续上表

学校	2013 年	2014 年
广东水利电力职业技术学院	2791.88	3137.65
广东司法警官职业学院	1056.00	1506.63
广东女子职业技术学院	5078.69	5525.67
广东农工商职业技术学院	1556.00	1593.10
广东邮电职业技术学院	4389.85	4269.11
广东松山职业技术学院	1330.19	1323.92
广东行政职业学院	407.39	1547.43
广东体育职业技术学院	1841.00	2064.85
广东食品药品职业学院	1640.65	1721.79
广东文艺职业学院	2462.19	3364.71
广东工程职业技术学院	662.90	660.46
广东环境保护工程职业学院	322.70	415.52
广东青年职业学院	81.56	376.13
广东舞蹈戏剧职业学院	7113.87	30 990.67
广东轻工职业技术学院	4250.20	4256.72
广东省外语艺术职业学院	2933.18	3132.04
广东机电职业技术学院	1641.10	1738.05
广东工贸职业技术学院	2416.87	2389.22
广东交通职业技术学院	1603.10	1795.04
广东建设职业技术学院	852.38	778.01
广东职业技术学院	2447.77	2550.53
广东科学技术职业学院	1324.26	1826.38
广东理工职业学院	722.75	732.92
广东科贸职业学院	1626.20	1713.21
广东生态工程职业学院	—	3930.13
惠州城市职业学院	—	35 794.18
广州工程技术职业学院	3572.19	3895.55
肇庆医学高等专科学校	1519.76	1397.68
广州番禺职业技术学院	3352.87	3735.28
广州体育职业技术学院	209.79	280.45
深圳职业技术学院	3771.68	3743.93
深圳信息职业技术学院	6050.17	6759.96
珠海城市职业技术学院	1110.68	1442.17
汕头职业技术学院	2791.10	2985.25

续上表

学校	2013年	2014年
佛山职业技术学院	3095.69	3307.69
顺德职业技术学院	3064.18	6887.05
河源职业技术学院	1599.76	2029.39
汕尾职业技术学院	217.59	370.51
中山火炬职业技术学院	3553.47	474.50
江门职业技术学院	414.10	449.60
阳江职业技术学院	2133.88	2295.61
茂名职业技术学院	250.68	200.67
清远职业技术学院	1710.90	1949.00
揭阳职业技术学院	1362.60	1744.59
罗定职业技术学院	2455.19	3461.47
广州城市职业学院	7042.26	7770.56
广州铁路职业技术学院	4669.79	4515.01
广州科技贸易职业学院	3493.00	2607.08
中山职业技术学院	3154.72	1624.21
东莞职业技术学院	3428.28	3123.63
惠州卫生职业技术学院	3582.29	1657.98
潮汕职业技术学院	292.34	245.76
广东新安职业技术学院	64.03	49.67
广东亚视演艺职业学院	403.10	398.75
广东岭南职业技术学院	3531.00	3523.36
广州康大职业技术学院	2002.92	2287.06
珠海艺术职业学院	1259.04	1062.43
广州涉外经济职业技术学院	1994.73	2175.26
广州南洋理工职业学院	375.65	539.45
广州科技职业技术学院	657.80	852.77
惠州经济职业技术学院	3263.10	3107.72
广东工商职业学院	1094.88	1097.72
广州现代信息工程职业技术学院	148.29	191.86
广州华南商贸职业学院	866.10	592.75
广州华立科技职业学院	947.94	775.88
广州珠江职业技术学院	595.59	615.54
广州松田职业学院	749.17	140.03
广东文理职业学院	54.88	482.83

续上表

学校	2013 年	2014 年
广州城建职业学院	484.82	514.60
广东南方职业学院	1078.79	1190.31
广州华商职业学院	392.22	391.06
广州华夏职业学院	1624.51	1298.05
广州东华职业学院	688.37	438.62
广东创新科技职业学院	535.13	568.41
广东信息工程职业学院	3052.81	1792.22
民办南华工商学院	2808.72	2633.24
私立华联学院	137.37	75.31
广东碧桂园职业学院	—	44 238.41

附录表4-12　广东省各普通高校每百名学生拥有教学用计算机台数

单位：台

学校	2013年	2014年
中山大学	14.88	15.86
华南理工大学	47.00	52.86
暨南大学	26.39	24.73
华南农业大学	21.51	22.63
南方医科大学	18.10	18.64
广州中医药大学	14.69	14.21
华南师范大学	32.21	35.29
广东工业大学	24.69	25.72
广东外语外贸大学	29.88	30.41
汕头大学	29.61	33.71
广东财经大学	18.42	15.58
广东海洋大学	17.38	15.25
广东医学院	16.21	15.87
仲恺农业工程学院	16.49	14.14
广东药学院	16.18	20.73
星海音乐学院	15.03	16.09
广州美术学院	8.39	10.44
广州体育学院	16.28	16.37
广东技术师范学院	25.81	27.21
岭南师范学院	15.79	16.70
韩山师范学院	25.11	25.67
广东石油化工学院	12.47	12.30
广东金融学院	21.10	16.46
五邑大学	21.68	20.35
广东第二师范学院	23.79	26.28
广东警官学院	20.20	22.09
广州航海学院	47.29	40.06
广州大学	28.22	29.36
广州医科大学	15.09	17.06
深圳大学	31.68	32.14

续上表

学校	2013 年	2014 年
佛山科学技术学院	13.11	32.15
韶关学院	17.69	18.75
嘉应学院	18.45	20.16
惠州学院	15.11	12.80
东莞理工学院	29.79	41.70
肇庆学院	12.32	12.81
南方科技大学	64.68	37.23
电子科技大学中山学院	19.79	19.57
北京师范大学珠海分校	21.91	23.47
广东工业大学华立学院	29.60	33.05
广州大学松田学院	26.30	25.49
北京理工大学珠海学院	21.08	21.63
吉林大学珠海学院	16.35	16.58
东莞理工学院城市学院	15.38	21.36
中山大学新华学院	16.11	15.80
广州大学华软软件学院	38.29	39.95
中山大学南方学院	15.79	10.01
广东外语外贸大学南国商学院	18.12	18.25
广东财经大学商学院	14.59	17.18
广东海洋大学寸金学院	10.32	10.14
华南农业大学珠江学院	20.51	20.15
广东技术师范学院天河学院	17.89	16.07
华南理工大学广州学院	20.10	21.38
广州商学院	34.69	43.35
广东白云学院	36.62	34.30
广东培正学院	27.29	26.12
北京师范大学－香港浸会大学联合	19.00	17.14
香港中文大学（深圳）	—	82.24
广东科技学院	16.69	16.28
广东东软学院	13.00	12.08
广东理工学院	32.10	26.36
广州工商学院	42.55	33.59
广州民航职业技术学院	18.18	18.96
广东财经职业学院	—	—

续上表

学校	2013年	2014年
广东水利电力职业技术学院	15.00	16.85
广东司法警官职业学院	9.79	9.14
广东女子职业技术学院	52.51	53.25
广东农工商职业技术学院	22.83	23.01
广东邮电职业技术学院	44.21	32.67
广东松山职业技术学院	15.36	16.03
广东行政职业学院	24.39	22.44
广东体育职业技术学院	17.87	16.52
广东食品药品职业学院	10.00	10.98
广东文艺职业学院	22.61	24.29
广东工程职业技术学院	18.38	22.48
广东环境保护工程职业学院	12.03	13.01
广东青年职业学院	30.71	25.84
广东舞蹈戏剧职业学院	81.89	59.57
广东轻工职业技术学院	33.27	34.61
广东省外语艺术职业学院	25.55	27.20
广东机电职业技术学院	16.37	16.48
广东工贸职业技术学院	20.39	19.58
广东交通职业技术学院	23.31	26.44
广东建设职业技术学院	30.77	25.84
广东职业技术学院	18.21	22.69
广东科学技术职业学院	23.54	28.92
广东理工职业学院	18.42	20.84
广东科贸职业学院	26.80	27.75
广东生态工程职业学院	—	82.64
惠州城市职业学院	—	260.63
广州工程技术职业学院	35.09	39.76
肇庆医学高等专科学校	12.10	12.66
广州番禺职业技术学院	54.79	49.16
广州体育职业技术学院	19.03	25.45
深圳职业技术学院	51.39	51.13
深圳信息职业技术学院	28.88	30.35
珠海城市职业技术学院	24.59	25.21
汕头职业技术学院	22.87	37.90

续上表

学校	2013 年	2014 年
佛山职业技术学院	37.30	40.22
顺德职业技术学院	49.51	55.62
河源职业技术学院	20.12	21.75
汕尾职业技术学院	26.37	27.12
中山火炬职业技术学院	18.90	28.86
江门职业技术学院	17.31	17.90
阳江职业技术学院	14.18	20.98
茂名职业技术学院	9.48	7.63
清远职业技术学院	14.39	14.90
揭阳职业技术学院	13.79	16.98
罗定职业技术学院	18.41	27.24
广州城市职业学院	48.36	53.14
广州铁路职业技术学院	38.69	45.70
广州科技贸易职业学院	31.31	34.91
中山职业技术学院	32.52	40.93
东莞职业技术学院	37.48	44.86
惠州卫生职业技术学院	76.88	41.96
潮汕职业技术学院	38.03	31.93
广东新安职业技术学院	18.68	24.44
广东亚视演艺职业学院	23.12	15.95
广东岭南职业技术学院	32.11	31.70
广州康大职业技术学院	30.58	36.46
珠海艺术职业学院	20.11	17.72
广州涉外经济职业技术学院	20.92	23.00
广州南洋理工职业学院	13.89	14.69
广州科技职业技术学院	18.72	16.39
惠州经济职业技术学院	28.48	32.34
广东工商职业学院	35.19	31.01
广州现代信息工程职业技术学院	21.52	22.78
广州华南商贸职业学院	25.81	24.09
广州华立科技职业学院	26.45	1.96
广州珠江职业技术学院	19.19	17.09
广州松田职业学院	15.57	14.28
广东文理职业学院	16.48	13.77

续上表

学校	2013 年	2014 年
广州城建职业学院	27.08	26.31
广东南方职业学院	17.49	12.78
广州华商职业学院	12.36	13.81
广州华夏职业学院	20.87	27.00
广州东华职业学院	16.91	10.53
广东创新科技职业学院	21.47	21.20
广东信息工程职业学院	13.89	19.11
民办南华工商学院	14.71	14.82
私立华联学院	25.88	27.83
广东碧桂园职业学院	—	52.98

附录表4–13　广东省各普通高校校均上网课程数量

单位：门

学校	2013 年	2014 年
中山大学	2234	2910
华南理工大学	1407	1444
暨南大学	750	887
华南农业大学	8	8
南方医科大学	565	565
广州中医药大学	156	156
华南师范大学	574	418
广东工业大学	7	96
广东外语外贸大学	500	1038
汕头大学	524	1722
广东财经大学	1084	1167
广东海洋大学	248	319
广东医学院	213	326
仲恺农业工程学院	88	88
广东药学院	100	100
星海音乐学院	—	—
广州美术学院	35	35
广州体育学院	60	63
广东技术师范学院	285	317
岭南师范学院	0	165
韩山师范学院	140	180
广东石油化工学院	72	186
广东金融学院	350	367
广东警官学院	57	91
广州大学	448	452
广州医科大学	20	10
深圳大学	497	1040
佛山科学技术学院	350	320
韶关学院	—	—
嘉应学院	5	6

续上表

学校	2013 年	2014 年
惠州学院	—	—
东莞理工学院	6	6
五邑大学	433	443
肇庆学院	211	211
广东白云学院	438	575
广东培正学院	20	20
北京师范大学－香港浸会大学联合国际学院	—	676
香港中文大学（深圳）	—	6
广东第二师范学院	25	41
广东科技学院	84	84
电子科技大学中山学院	—	—
北京师范大学珠海分校	394	398
广东工业大学华立学院	—	—
广州大学松田学院	—	—
广州商学院	79	82
北京理工大学珠海学院	—	639
东莞理工学院城市学院	637	—
中山大学新华学院	10	10
广州大学华软软件学院	9	—
中山大学南方学院	—	19
广东外语外贸大学南国商学院	19	253
广东财经大学华商学院	253	—
广东海洋大学寸金学院	—	2
华南农业大学珠江学院	9	7
广东技术师范学院天河学院	2	10
华南理工大学广州学院	10	—
南方科技大学	—	5
吉林大学珠海学院	16	15
广州民航职业技术学院	198	219
广州航海学院	513	523
广东轻工职业技术学院	263	252
广东省外语艺术职业学院	272	311
广东机电职业技术学院	165	160

续上表

学校	2013 年	2014 年
广东工贸职业技术学院	350	420
广东交通职业技术学院	369	380
广东水利电力职业技术学院	150	150
广东司法警官职业学院	18	21
广东女子职业技术学院	6	83
广东农工商职业技术学院	9	228
广东邮电职业技术学院	16	35
广东松山职业技术学院	—	25
广东建设职业技术学院	58	58
广东职业技术学院	102	102
广东科学技术职业学院	49	72
广东行政职业学院	—	19
广东体育职业技术学院	18	18
广东食品药品职业学院	40	40
广东文艺职业学院	4	3
广州工程技术职业学院	51	259
广州番禺职业技术学院	7	7
广州体育职业技术学院	11	11
深圳职业技术学院	583	587
深圳信息职业技术学院	—	—
珠海城市职业技术学院	83	99
汕头职业技术学院	—	—
佛山职业技术学院	110	342
顺德职业技术学院	150	150
河源职业技术学院	7	96
汕尾职业技术学院	—	—
中山火炬职业技术学院	100	120
江门职业技术学院	32	35
阳江职业技术学院	79	79
茂名职业技术学院	15	15
肇庆医学高等专科学校	18	18
清远职业技术学院	17	25
揭阳职业技术学院	16	16
罗定职业技术学院	6	6

续上表

学校	2013 年	2014 年
广东理工职业学院	34	61
广州城市职业学院	268	278
广东工程职业技术学院	274	60
广州铁路职业技术学院	101	135
广东科贸职业学院	102	42
广州科技贸易职业学院	34	34
中山职业技术学院	142	154
东莞职业技术学院	42	79
广东环境保护工程职业学院	5	9
广东青年职业学院	26	27
广东舞蹈戏剧职业学院	—	—
惠州卫生职业技术学院	5	5
民办南华工商学院	20	20
广东碧桂园职业学院	—	—
广东生态工程职业学院	—	—
惠州城市职业学院	—	10
私立华联学院	—	—
潮汕职业技术学院	—	—
广东新安职业技术学院	—	—
广东亚视演艺职业学院	3	3
广东岭南职业技术学院	160	200
广州康大职业技术学院	14	14
广东东软学院	827	420
珠海艺术职业学院	—	—
广州工商学院	4	4
广州涉外经济职业技术学院	—	—
广州南洋理工职业学院	—	—
广州科技职业技术学院	18	—
惠州经济职业技术学院	13	13
广东理工学院	50	50
广东工商职业学院	30	30
广州现代信息工程职业技术学院	5	5
广州华南商贸职业学院	—	—
广州华立科技职业学院	1	1

续上表

学校	2013 年	2014 年
广州珠江职业技术学院	—	—
广州松田职业学院	—	—
广东文理职业学院	—	—
广州城建职业学院	29	60
广东南方职业学院	—	—
广州华商职业学院	—	—
广州华夏职业学院	—	7
广州东华职业学院	17	18
广东创新科技职业学院	9	10
广东信息工程职业学院	—	2